Max Georg Zimmermann

Die bildenden Künste am Hof Herzog Albrecht's V. von Bayern

Max Georg Zimmermann

Die bildenden Künste am Hof Herzog Albrecht's V. von Bayern

ISBN/EAN: 9783743319929

Hergestellt in Europa, USA, Kanada, Australien, Japan

Cover: Foto ©ninafisch / pixelio.de

Manufactured and distributed by brebook publishing software
(www.brebook.com)

Max Georg Zimmermann

Die bildenden Künste am Hof Herzog Albrecht's V. von Bayern

STUDIEN ZUR DEUTSCHEN KUNSTGESCHICHTE

5. HEFT.

DIE BILDENDEN KÜNSTE

AM HOF

HERZOG ALBRECHT'S V.

VON BAYERN

VON

MAX GG. ZIMMERMANN.

STRASSBURG

J. H. ED. HEITZ (HEITZ & MÜNDEL)

1895.

Inhalt.

Einleitung.

Als die späteste im heutigen Bayern ist München in die Reihe der die Kunst in grösserem Stil pflegenden Städte eingetreten. [1] Erst als sich im Dom zu Regensburg bereits der bedeutendste bayerische Bau der Frühgothik erhob, begann sich in München eine nennenswerthe künstlerische Bauthätigkeit zu regen. Die Stadt, etwa ein Jahrhundert vorher gegründet, wurde im Jahre 1255 von Herzog Ludwig dem Strengen zu seinem ständigen Sitz erkoren. Damit erst war der Anstoss und die Möglichkeit zu rascherer Entwickelung und künstlerischer Ausschmückung gegeben, da erst entstanden grössere Bauten. Im Jahre 1271 wurde die ältere Frauenkirche zur Pfarrkirche erhoben und neugebaut. Im Thal erstand das Katharinenspital mit Kirche, in der Mauthhalle ist noch jetzt die Augustinerkirche erhalten. Die Peterskirche wurde nach dem Brande des Jahres 1294 wieder hergestellt, derselben Zeit gehörte auch die 1803 abgebrochene Minoritenkirche an. Aber selbst innerhalb des oberbayerischen Bezirkes wurden diese Bauten an Bedeutung durch die Franziskanerkirche zu Ingolstadt übertroffen.

Im folgenden Jahrhundert gelangte München zu Bedeutung für das ganze Reich, indem der Herzog von Bayern im Jahre 1314 als Ludwig IV. zum deutschen Kaiser erhoben wurde. Zehn Jahre darauf baute der Kaiser als seine Residenz den sogenannten Alten Hof zu München, der an künstlerischem Schmuck besonders einen schönen Erker erhielt, und daneben die Lorenzkirche. Auch

---

[1] Sighart: Geschichte der bildenden Künste in Bayern.

bei dem Wiederaufbau der Peterskirche, welche im Jahre 1327 zum zweiten Mal abbrannte, war der Kaiser betheiligt. Der alte Kern ist noch heute unter der Rococobekleidung erhalten. Die bedeutendste Gründung des Kaisers aber war ausserhalb von München, Kloster und Kirche zu Ettal. [1] Dennoch tritt München wenigstens unter den Städten in Oberbayern seit dieser Periode bedeutsam hervor. Auch die Bildhauer wurden durch die Aufträge des Kaisers gefördert. Eine Reliefplatte aus der zerstörten Lorenzkirche im Nationalmuseum, den Kaiser und seine Gemahlin darstellend, eine Anbetung der Könige aus dem Pfarrhofe der Frauenkirche, ein steinernes Madonnenbild aus dem Angerkloster ebenda u. a. geben Zeugniss davon. Das umfangreichste Werk dieses Jahrhunderts aber ist der vom Jahre 1376 stammende Schrenkaltar in der Peterskirche zu München. Hinter der gleichzeitigen grossartigen Entwickelung der freien Reichsstätte Regensburg, Nürnberg, Augsburg und hinter der Bischofsstadt Bamberg aber bleibt München bei weitem zurück. Es fehlte ihm ein freies und reiches Bürgerthum oder ein geistlicher Fürst, dessen Kassen die Gläubigkeit füllte, und der nicht nöthig hatte sie für grosse Kriege zu leeren. So sind denn auch die Maler in München nur spärlich vertreten. Drei Namen nur werden uns genannt: Holzer, Ull und Meister Martin. [2] Von grossen Wand- oder prächtigen Glasgemälden, wie sie der Bischof und die Domherren im benachbarten Freising konnten ausführen lassen, wird in München nichts berichtet.

Erst nach der Mitte des letzten Jahrhunderts der Gothik sollte München ein auch in grösserem Kreise hervorragendes Bauwerk entstehen sehen. Im Jahre 1468 legte der regierende Herzog Siegmund den Grundstein zum Neubau der Frauenkirche, wie sie noch heute in echt bayerischer Kraft mit einer Beimischung von Derbheit besteht. Neben diesem mächtigen Bau sprossen in und nahe bei München kleinere Kirchen empor, die Salvatorkirche, die Kreuzkirche, die Kapellen zu Blutenburg und Pipping. So

---

[1] G. T. Seidel: Baugeschichte des Domes u. Klosters Ettal. Zeitschr. f. Bauwesen 1890.

[2] Vgl. die St. Lukaszunft in München. Münchener Kunstanzeiger 1865.

erwuchs auch rings im Lande eine Fülle von grösseren und
kleineren Pfarrkirchen. Diesen kirchlichen Bauten stellten sich
solche zu weltlichen Zwecken an die Seite. Das alte Rathhaus,
das Isar- und Sendlingerthor stammen aus dieser Zeit.

Das 15. Jahrhundert führte Plastik und Malerei in einzelnen
Städten des heutigen Bayern zu einer allgemeingültigen Gipfelhöhe
empor, von München lässt sich wenigstens berichten, dass es den
Mittelpunkt der Kunstthätigkeit im oberbayerischen Umkreise
bildete, und dass eine Fülle von Bildwerken aus seinen Werk-
stätten hervorging. Es beginnen Künstlernamen aus dem Dunkel
der Kunstgeschichte herauszutreten, und mit diesen Namen lassen
sich einzelne Werke decken. So hat nach dem Zeugniss Naglers
„Hanns der Steinmaissel" im Jahre 1438 das Kaisergrabmal in der
Frauenkirche gemacht, ein Werk von trefflicher Arbeit. Derselbe
Meister ist auch in seiner Thätigkeit in Tegernsee nachzuweisen.
Die Fülle der Grabsteine aus dieser Zeit in und um München ist
gross, alles Arbeiten in der Realistik des späteren Mittelalters von
tüchtigem Mittelwerth, ebenso Altäre von Stein und Gruppen frei
stehender Figuren und Standbilder an den Portalen und Pfeilern
der Kirchen. Noch grösser aber ist die Zahl und Bedeutung der
Holzsculpturen. Die grösseren Werke dieser Art sind die Flügel-
altäre in den Kirchen. Von dem einstigen Hauptaltar der Frauenkirche ist nur noch eine ungenügende Abbildung erhalten; die
Krönung der Heiligen Jungfrau, welcher die Kirche geweiht ist,
füllte das Mittelstück. Neben diesem Werk war das bedeutendste
in Oberbayern der Altar zu Moosburg. Sehr gross ist die Menge der
erhaltenen Einzelstatuen und Gruppen, die vorzüglichsten darunter
sind die Scupturen in Blutenburg. [1] Auch Reliefdarstellungen sind
vielfach in Holz geschnitzt worden. Von den reichen Chorstühlen,
mit welchen die Spätgothik die Kirchen ausstattete, ist in München
das Gestühl der Frauenkirche erhalten.

Zwei Hauptstätten für Malerei gab es im 15. Jahrhundert in
Oberbayern: München und Salzburg. Eine Reihe von Malernamen
wird in den Münchener Urkunden genannt, aber nur noch von

---

[1] Genaueres in H. Wagner: Münchner Plastik um die Wende des
XV. u. XVI. Jahrhunderts. München 1895. Während des Druckes erschienen.

drei Malern lassen sich grössere Gemälde nachweisen. Es sind das die Meister Mächselkirchner, Füterer und Olmdorfer. Die wenigen erhaltenen Malereien geben keine sehr grosse Vorstellung von ihrer Kunst, es sind die ausgeschriebenen gothischen Idealformen, welche sie verwenden. Auch was sich sonst von Münchener Malereien der Zeit erhalten hat, z. B. die dreizehn Wandbildnisse bayerischer Fürsten im Alten Hof, ist nicht geeignet an höhere Kunst in der Münchener Malerei denken zu lassen.

Dass München bis tief in das 16. Jahrhundert hinein den Character einer gothischen Stadt bewahrte, lag hauptsächlich daran, dass Herzog Wilhelm IV. sein Land ängstlich vor dem Eindringen der kirchlichen Reformation zu bewahren suchte und somit auch den Humanismus ausschloss, während gerade der reformatorische Geist und der Humanismus in den umliegenden freien Reichsstädten so köstliche Blüthen zeitigten. An der bayerischen Universität zu Ingolstadt war der Humanismus schon zu Ende des 15. Jahrhunderts eingedrungen: 1492 war Conrad Celtes dorthin berufen worden, 1524 dagegen musste selbst ein um Bayern so hoch verdienter Gelehrter wie Aventin seines Glaubens wegen das Land verlassen. Der Herzog versuchte, um dem protestantischen Ansturm widerstandsfähig begegnen zu können, den katholischen Priesterstand moralisch zu bessern, aber seine Bemühungen waren vergebens, und so erbat er sich von Papst einige Mitglieder des soeben gegründeten Jesuitenordens; im Jahre 1542 hielten die ersten Jesuiten ihren Einzug. Durch die Jesuiten ist der Katholicismus in Bayern erhalten worden

Auf Wilhelm IV. folgte im Jahre 1550 Albrecht V., und mit ihm bricht für München das Zeitalter der Renaissance an.

Herzog Albrecht V.

Hertzog Albrecht der Fünffte in
Bayern, von dem zue seiner Zeit
dass Römische Reich wol gewusst,
dass Er ein hochweiser vnnd mächtiger Kunstverständiger vnnd Gott
liebender alter Teutscher Fürst
vnnd Potentat ist.   Hainhofer.

Wenn wir uns Herzog Albrecht V. vergegenwärtigen, wie
er aus der Gesammtheit der historischen Denkmale uns ent-
gegentritt, so können wir dem von Hainhofer[1] übermittelten
Urtheil der Zeitgenossen zustimmen und mit Sympathie nach
der anziehenden Gestalt aus der Zeit der deutschen Renaissance zurückblicken. Von dem Schicksal auf einen altehrwür-
digen Fürstenstuhl, den einst ein mächtiger Kaiser innegehabt
hatte, berufen, wandte er seine reichen Geistesgaben den schönen
Künsten zu, und was die erhebende Anschauung der Schätze
Italiens in seiner jugendlichen Brust geweckt hatte, das führte
er, als reifer Mann zur Macht gelangt, in deutschem Sinne in
seiner Heimath durch. Seine italienische Reise fällt in das Jahr
1546 nach seiner Vermählung mit Anna, einer Tochter Kaiser
Ferdinands I. Wohl war es ihm nicht vergönnt gleich jenen
fürstlichen Mäcenen Italiens im grössten Stil zu schaffen, kein
stolzer Michelangelo lieh ihm seinen kunstgewaltigen Meissel,
seine Hauptstadt zierten nicht prächtige Paläste, sondern alte

---

[1] Die Reisen des Augsburger Philipp Hainhofer nach Eichstädt,
München und Regensburg. Zeitschr. d. histor. Vereins für Schwaben
und Neuburg VIII, Augsburg 1881.

gothische Giebelhäuser nothdürftig geschmückt mit dem vergäng-
lichen Schimmer malerischer Dekoration standen in den mittel-
alterlichen Strassen. Aber der Fürst war der mächtigsten einer
im deutschen Reich, Schwiegersohn und Schwager kaiserlicher
Majestät, und eingedenk seiner hohen Stellung liebte er es, sich
mit aller Pracht eines grossen Hofhaltes zu umgeben. Die
Verhältnisse erlaubten es ihm nicht die monumentalen Künste
an seinen Thron zu berufen, darum aber, war sein Mäcenatenthum nicht weniger vielseitig und regsam. Die Musik vor allem
begünstigte er, durch sie liess er die grossen kirchlichen und
weltlichen Feste verherrlichen, und sie verschönte die Stunden
seiner Musse. Seine Münchener Bauten beschränkten sich auf die
Ausstattung eines grossen Saales, die Errichtung eines Lusthauses
und eines Säulenhofes, die Vollendung einer Kirche. Die grösste
Aufgabe, welche er der Malerei stellte, war die bildliche Ausschmückung umfangreicher Pergamentbände. Die Goldschmiedekunst ist unter ihm zu einer Höhe gediehen, welche in Deutschland ihres Gleichen sucht.

Unter den vielen Malern und Kunsthandwerkern, welche
damals in München genannt werden, ragt einer als bedeutender
Künstler hervor, Hanns Müelich. Schon als Prinz verpflichtete
Albrecht sich ihn durch Aufträge, und mit sicherem Blick erkannte
er später seine besondere Begabung für dekorative Malerei.
Durch die passenden Aufgaben, welche er diesem Talente stellte,
rief er es zur schönsten Blüthe hervor und wusste Müelich so
sehr an sich zu fesseln, dass dieser sich ihm während der letzten
20 Jahre seines Lebens vollständig hingab. Von den andern für den
Hof beschäftigten Malern muss dieser Künstler getrennt werden, weil
er sich bedeutend über sie erhob. Christoph Schwarz, der später eine
so hervorragende Stellung in München einnahm, wird während Müelichs Lebenszeit nur einmal und da in Gemeinschaft mit ihm erwähnt.

Wie die italienischen Fürsten, an deren Hof er geweilt,
suchte der Herzog jedoch nicht nur die schaffenden Künstler zu
begünstigen, sondern auch durch zahlreiche Sammlungen den
Glanz seines Hofes zu heben.[1] Fast sämmtliche Sammlungen,

---

[1] Vgl. F. v. Reber in den Sitzungsberichten der Münchener Akademie: 1892 S. 137 ff. Die Gemälde der herzogl. bayerischen Kunst-

welche noch heute einen grossen Theil des Ruhmes von München
ausmachen, gehen in ihren Anfängen auf Herzog Albrecht zurück.
Die Kunstkammer wies freilich vieles auf, was nur die Bedeutung
von Raritäten hatte, der von Fickler 1598 geschriebene Katalog [1]
zählt 3407 Nummern auf. An wirklichen Kunstschätzen finden
sich darin genannt: Gemälde, Handzeichnungen, Kupferstiche,
Holzschnitte, Münzen, [2] Elfenbeinarbeiten, Waffen, Gläser. Die
Leitung der Kunstkammer hatte der niederländische Leibarzt des
Herzogs Samuel a Quichelberg, derselbe, welcher die Erklärungen
zu Müelichs Miniaturen geschrieben hat. Er hat in einer Schrift
vom Jahre 1565 seine Grundsätze bei Anlage der Kunstkammer
ausgesprochen. [3] Für das Antiquarium machte der Herzog umfassende Ankäufe, welche jedoch fast sämmtlich sehr zweifelhafter
Natur waren. Neben den Fuggern in Augsburg waren ihm dabei
besonders zwei Italiener behülflich: Jacopo Strada aus Mantua
und Niccolo Stoppio aus Venedig. Sehr oft hat der Herzog für
sein gutes Geld Fälschungen erhalten, namentlich wurde er durch
gefälschte Namensinschriften auf Portraitbüsten aus dem Alterthum,
die er mit Leidenschaft sammelte, betrogen. [1] Auch die Staatsbibliothek hat ihre Entstehung in den Anfängen Herzog Albrecht
zu danken. Er erwarb dafür die Sammlungen des Hartmann
Schedel mit lateinischen und deutschen Werken, des Johann Albert
Widmannstadt mit hebräischen, syrischen und arabischen Werken
und des Hans Jakob Fugger mit griechischen Handschriften. [5]

kammer nach dem Fickler'schen Inventar von 1598. 1893 S. 2 ff. Die
Bildnisse der herzogl. bayerischen Kunstkammer nach dem Ficklerschen
Inventar von 1598.
1 Königl. Hof- und Staatsbibliothek zu München. Cod. Bav. 2133.
2 Ueber Entstehung und Entwickelung des Münzkabinets Ignatz
Streber in den Denkschriften der bayerischen Akademie der Wissenschaften 1808, 1813, 1819.
Hans Riggauer: Geschichte des Kgl. Münzkabinets in München.
Bayrische Bibl. 6.
3 Inhaltsangabe derselben bei Stockbauer: Die Kunstbestrebungen
am bayerischen Hofe unter Herzog Albrecht V. und Herzog Wilhelm V.
Quellenschriften für Kunstgesch. Bd. 8. S. 8 ff.
4 Ueber die Kunstkammer und das Antiquarium vergleiche Stockbauer: Quellenschriften für Kunstgeschichte Bd. 8 und Wilhelm Christ:
Beiträge zur Geschichte der Antikensammlungen Münchens. 1864.
5 G. Steigenberger: Historisch-literarischer Versuch von Entstehung
und Aufnahme der kurfürstlichen Bibliothek in München. 1784.

Im Mittelpunkt der Interessen stand bei dem Herzog die Musik. Seine Kinder liess er schon früh in dieser Kunst unterrichten. Der alte Capellmeister, Ludwig Taser,[1] musste dem neuberufenen Orlando di Lasso weichen. 1556 bewilligten die Prälaten von Ober- und Niederbayern auf fünf Jahre eine jährliche Abgabe von 3000 fl. für die Cantorei, dann wurde der Zins in perpetuum erklärt, wenn auch fast in keinem Jahre die ganze Summe einzutreiben war. Die Ausgaben für die Cantorei überstiegen aber meistens das doppelte, oft das dreifache des Einkommens.[2] Bis zum Jahre 1568 vermehrte sich die Zahl der Cantoreipersonen jährlich. Als der Herzog 1550 die Regierung antrat, fand er eine Capelle von 17 Mitgliedern vor. 1552 waren es schon 25 Personen ohne die Knaben. 1558: 36 Personen. 1568: 50 Personen. 1569: 47 Pers. 1570 dieselbe Zahl. In diesem Jahre jedoch musste der Herzog einen Theil der Capelle entlassen, weil die Bitten der Räthe um Einschränkung zu ungestüm wurden. In einem Schreiben an Orlando di Lasso beauftragte er diesen damit und ordnete an, den Ausgeschiedenen seine Gnade trotzdem zu versichern und sie mit einem Ehrengeschenk abzufertigen.[3] Von da an verminderte die Zahl sich jährlich. 1571: 38 Pers., 1574: 28 Pers., 1575: 25 Personen.

Das ganze Mäcenatenthum Albrechts war auf dem Grunde des Humanismus entstanden, und so nimmt es nicht Wunder, dass er auch die Wissenschaften begünstigte. Schon die Errichtung der gelehrten Bibliothek giebt davon Zeugniss. Bei deren Begründung standen ihm Wiguleus Hund, Erasmus Vend und der Kanzler Simon Eck rathend zur Seite. Zu der Universität in Ingolstadt unterhielt er lebhafte Beziehungen.

Als ein freier Geist tritt uns Albrecht entgegen, und doch ist er einer der schärfsten Wächter des katholischen Glaubens geworden.[4]

---

[1] Taser und sein Vorgänger Andreas Zauner wurden vom Herzog weiter besoldet, ersterer erhielt während der ganzen Regierungszeit jährlich 120 fl., letzterer bis zu seinem Tode 1577 100 fl.
[2] Für das Vorstehende die genauen Zahlen in meiner Inauguraldissertation «Hanns Müelich und Herzog Albrecht V. von Bayern». München 1885. S. 11 Anm. 5 u. 6.
[3] K. Bayer. allg. Reichsarchiv. Fürstensachen II Sp. Lit. C. Fasc. XXIX Nr. 363.
[4] Knoepfler: Die Kelchbewegung unter Albrecht V. München 1891.

Bildnisse Herzog Albrecht's V.

Von Hanns Müelich aus den Miniaturen zu den Motetten des Cyprian

und seiner Gemahlin.

de Rore auf der Kgl. Hof- und Staatsbibl. zu München. S. 3 u. 4.

Nach seiner Thronbesteigung schien es, als wollte er der reformatorischen Bewegung in Bayern Platz gönnen. An wirkliche Einführung des Lutherthums hat er wohl kaum gedacht, aber er versuchte durch Vermittelung der neuen Lehre entgegen zu kommen. Er bat das Tridentiner Concil um Einrichtung besserer Schulen für die Geistlichkeit, damit deren schnödes Leben abgestellt werde, um Gestattung der Priesterehe und des Abendmahls in beiderlei Gestalt. Das Concil verwies ihn an den Papst. Dieser verwarf seine Forderungen mit Ausnahme einer bedingungsweisen Gestattung des Kelches für die Laien, und nun trat in Albrechts Benehmen ein vollständiger Umschwung ein. Vor einem gänzlichen Bruch mit Rom schrack er zurück und beschloss jetzt mit vollem Eifer für die Erhaltung des Katholicismus einzutreten. Zu diesem Zweck berief er eine grössere Zahl von Jesuiten nach Ingolstadt, wo er ihnen ein Collegium und eine Kirche erbauen liess, und sie in den Streitigkeiten mit den weltlichen Lehrern schützte. Sämmtliche Professoren mussten einen Eid auf das katholische Glaubensbekenntniss ablegen, und wieder wurde dadurch einer der bedeutendsten Gelehrten, Appian, vertrieben. [1] 1559 siedelten die ersten Jesuiten nach München über, wo sie durch ihre Lehrthätigkeit einen bedeutenden Anhang gewannen, 1574 wurde unter ihrer Leitung das Collegium Gregorianum gegründet. So hatte Albrecht die Sorge um die religiösen Zustände seines Landes auf die starken Schultern des kampfbereiten Ordens übertragen und konnte den Glanz seines Mäcenatenthums, von dieser Seite ungestört, geniessen.

„Niemand sahe den Hertzog jemalen, auch nur gemahlt, ohne sonderbare Ererbietung an: ja sogar der Türkische Kayser, als er der Teutschen Fürsten Bildnüssen in Kupffer gesehen, hielte Alberten vor würdig, dass er ein Reich besässe, jedoch leistete er durch tugendhafte Thaten, als welche ein lebendiges Bildnüss des Gemüths seyn, noch mehrer, dann das Gesicht versprache." So erzählt hundert Jahre später im treuherzigen Ton der Zeit der Verfasser des Schauplatzes Bayerischer Helden. [2] Zahlreiche Bildnisse haben die Erscheinung Albrechts überliefert. Wie uns die

---

[1] Vergl. Günther, im Jahrbuch für Münchener Geschichte II.
[2] München 1681. S. 356.

fürstliche Gestalt vor Augen tritt, sei es als Ritter des Goldenen Vliesses, in spanischer Hoftracht oder im häuslichen Kleide, wo wir, sei es in Oel- und Miniaturportraits, oder auf Medaillen und Münzen den kräftigen Kopf erblicken, da sind wir gewiss, einem bedeutenden Menschen im Bilde begegnet zu sein. Von der hohen Stirn leuchtet die innerliche Begeisterung für die Künste, hinter den blauen Augen ahnt man ein warmes Herz und einen klaren Geist, die regelmässigen Züge verrathen wohlwollende Güte und energische Kraft. Der mächtige Bart fällt auf eine breite Brust hernieder und die ganze Erscheinung lässt einen gewaltigen Körperbau vermuthen.

Gern stellen wir uns den Herzog vor, wie er bei der Hochzeit seines Sohnes die Fürsten, welche aus ganz Deutschland und weiterher herbeieilten, empfing und während der rauschenden Feste in echt fürstlicher Weise den Wirth machte. Damals entfaltete er die ganze Pracht seines Hofes, und von den Bällen und Turnieren jener denkwürdigen Februartage des Jahres 1568 erzählte man sich gewiss an den Höfen von halb Europa. Sein Capellmeister, der berühmte Orlando di Lasso, hatte zu den Festen seine schönsten Gesänge componirt, und die hochgeborenen Gäste bewunderten wohl die prächtigen Miniaturen, mit denen Hanns Müelich die Niederschrift der vorzüglichsten Tonschöpfungen des Meisters zu verzieren im Begriff stand.

Im Winter residirte der Herzog zu München und im Sommer zu Starnberg, wo er sich auf dem See zu Ende seiner Regierung eine kleine Flotte baute, aber auch die übrigen zahlreichen Schlösser wurden stets in bewohnbarem Zustand gehalten. Reisen führten ihn nicht nur in Bäder und auf die Reichstage zu Regensburg und Augsburg, sondern auch nach Wien, Prag und Frankfurt.

Diese Reisen, auf welchen ihn öfters seine Gemahlin begleitete, verschlangen grosse Summen, aber seine heimische Kunstförderung und Hofhaltung kostete ihn weit mehr. Vom Vater hatte Albrecht eine ansehnliche Schuldenlast ererbt. Während der ersten Jahre seiner Regierung versuchte er sie zu tilgen, [1] aber

---

[1] Abzahlung 1551: 58.473 fl. 1552: 14.855 fl. 1553: 33,217 fl. 1554: 44.219 fl. 1555: 18.630 fl. K. B. allg. Reichsarch. a. a. O. Fasc. XXVIII Nr. 362.

immer mehr wuchsen die Ausgaben seines Hofes, und er konnte bald nicht mehr daran denken, die Schulden abzutragen. Schon 1556 musste er einer Supplication der Kammerräthe so weit nachgeben, dass er eine Commission zur Berathung von Massregeln einsetzte, und sich deren Verordnungen ohne Weigern zu fügen versprach.[1] Im folgenden Jahre machten dieselben Räthe ihm Vorwürfe, dass er den Markgrafen von Baden und andere Rheinische Grafen zur Hirschjagd, welcher er mit Leidenschaft oblag, nach München eingeladen hatte.[2] Der Herzog verbat sich ihre Einwände sehr scharf,[3] und schon wenige Tage darauf[4] versicherten die Räthe in unterthänigstem Gehorsam möglichst rasch neue Gelder herbeischaffen zu wollen. So kam es, dass Albrecht seinem Sohn eine Schuldenlast von 2,360,000 fl. hinterliess.[5]

Was dieser Fürst für die Kunstsammlungen gethan hat, ist schon lange und zum Theil über Gebühr gewürdigt worden. Wenig bekannt sind dagegen seine Verdienste um die Neuschöpfungen der bildenden Künste. Daher sei es erlaubt, im Folgenden darüber Nachricht zu geben. Eine einigermassen erschöpfende Darstellung ist nur über die Münchener Bauten des Herzogs und über Hanns Müelich möglich. Der Stoff ist zu neu und die Zahl der erhaltenen Denkmäler zu gering. Die Abschnitte Plastik, Malerei, Holzschnitt und Kupferstich, Goldschmiedekunst machen keinerlei anderen Anspruch, als das meistens von mir neu aufgefundene archivalische Material zusammen zu stellen und daraus in Verbindung mit den wenigen erhaltenen Werken die möglichen Folgerungen zu ziehen.

---

[1] München, den 20. Okt. 1556. Ausführliche Originalacten darüber Reichsarch. a. a. O. Fasc. XXVIII Nr. 361. H. 724.
[2] München, den 22. Juni 1557. Ebenda H. 720.
[3] Starnberg, den 23. Juni 1557. Ebenda H. 727.
[4] Starnberg, den 4. Juli 1557. Ebenda H. 722.
[5] Paul Johannes Rée: Peter Candid, sein Leben und seine Werke. Leipzig 1885. S. 27.

ERSTES KAPITEL

Die Münchener Bauten Herzog Albrechts.[1]

I.

Seine Bauthätigkeit hat Herzog Albrecht fast ausschliesslich auf München beschränkt und unter den Münchener Bauten und

---

[1] Die ersten Topographien von München stammen aus dem 16. Jahrhundert. Um über die derzeitigen Bauten daselbst Auskunft zu erhalten, müssen jedoch diejenigen des folgenden Jahrhunderts noch herangezogen werden.

Schon in der ersten Ausgabe von Münster's «Cosmographia» im Jahre 1544 wird von München gesagt: «Dass zu vnsern zeyten kein hubscher fürsten statt im Teutschland gefunden wirt». Georgius Braun erwähnt München in seiner «Beschreibung und Contrafactur der vornembster Stät der Welt» 1574 nur ganz kurz. 1603 machte Petrus Bertius seine Reisen und schrieb Aufzeichnungen darüber nieder, ohne die Absicht sie drucken zu lassen. Dennoch veröffentlichte er sie, nachdem er dazu aus anderen Autoren noch manches zusammengetragen hatte, im Jahre 1612 und nannte das Werk «Geographischer eyn oder zusammengezogener Tabeln Fünff vnterschiedliche Bücher». Es wurde gedruckt »zu Franckfurt durch Matth. Beckern. In Verlegung Heinrich Lorentzen.» Was er über München sagt, ist kurz und scheint nicht auf Autopsie zu beruhen. 1608 erschien das «Parvum Theatrum urbium» von Adrianus Romanus «zu Frankfurt bei den Erben von Nicolaus Bassae», dessen Vorrede bereits vom 15. Juli 1595 datirt. Dieses Buch enthält S. 167—172 eine längere Beschreibung Münchens, welche jedenfalls aus eigener Anschauung des Verfassers hervorgegangen ist. Diese Beschreibung wurde ausserordentlich oft nachgedruckt. So schon im Jahre 1609 zweimal in Köln, einmal durch Casp. Ens in seinem Buch «deliciarium Germaniae» in lateinischer Sprache und dann in deutscher Uebersetzung von Quad von Kinkelbach in seiner «Teutscher Nation Herligkeitt». Auch Petrus Bertius nahm in der lateinischen Ausgabe seines Buches, Amsterdam 1616, die Beschreibung

Anlagen nimmt das hervorragendste Interesse die Neuveste in Anspruch.

---

von Adrianus Romanus auf, indem er einen Auszug, und zwar in anderer Ordnung der Materie gab. In der 1618 erschienenen französischen Ausgabe jedoch ging er wieder auf die erste deutsche Form zurück, indem er nur weniges nach seinem lateinischen Gewährsmann verbesserte. Eine genaue, sehr verständnisvolle Schilderung Münchens mit hauptsächlicher Berücksichtigung seiner Kunstschätze fertigte Hainhofer bei seinem längeren Aufenthalt in München 1611 an. (Die Reisen des Augsburgers Philipp Hainhofer nach Eichstädt, München und Regensburg. Herausgegeben in der Zeitschrift des historischen Vereins für Schwaben und Neuburg. Achter Jahrgang Augsburg 1881.) Seine Aufzeichnungen waren jedoch nicht für die Oeffentlichkeit bestimmt. Dennoch stellte er sie Martin Zeiller zur Verfügung, und dieser druckte die Beschreibung der Oertlichkeiten in seinem «Reissbuch durch Hoch und Nieder Teutschland» wörtlich nach. Dieselbe erschien dann ohne Verständnis gekürzt als Text zu den Merian'schen Kupferstichen in der «Topographia Bavariae» 1644.

«Contrafacturen» von und aus München gehen ebenfalls bis in das 16. Jahrhundert zurück. Details, auch von früheren Bauten, geben jedoch erst Abbildungen des folgenden Jahrhunderts. Der Holzschnitt zu dem Bericht über München in der ersten Ausgabe von Münster's Cosmographia 1544 ist nur ganz klein (h. 45 mm., br. 60 mm.) stellt ein Paar willkürliche Mauern und Thürme dar und kehrt als Vignette zu den Beschreibungen von mehreren Städten wieder. Die älteste Ansicht von München, welche wenigstens auf eine nach der Natur aufgenommene Zeichnung zurückgeht, bietet ein Bild aus der Schule von Lucas Cranach in Schleissheim (Bayersdorfer im Katalog Nr. 205. Früher in der Münchener Pinakothek befindlich und dem Lucas Cranach selbst zugeschrieben). Reber giebt nach diesem Gemälde einen kleinen Holzschnitt in seinem «Bautechnischen Führer durch München» S. 35. Eine Aufnahme direct nach der Natur haben wir zuerst in der Miniatur von Müelich in den Motetten des Cyprian de Rore, deren Ausmalung 1559 beendigt wurde. Nach dieser Abbildung existirt ein alter Holzschnitt in Originalgrösse. (Nagler, Monogrammisten Nr. 1246.) Im Jahre 1571 erschien in Holz geschnitten eine «Warhafftige Contrafactur der Fürstlichen Stat München im Bayerland. Gedruckt zu Nürmberg, bei Hans Weigel Formschneider». Sie soll jedoch (Naumann's Archiv f. d. zeichn. Künste IX S. 193) sehr wenig «warhafftig» sein. Nach diesem Holzschnitt gibt es einen verkleinerten Nachstich in Kupfer, wegen der Signatur A B F dem Ambrosius Brambilla zugeschrieben (ebenda). Der Kupferstich bei Georgius Braun 1574, der Holzschnitt in Münster's Cosmographieausgabe von 1598 und der Holzschnitt bei Adrianus Romanus 1608 gehen auf dasselbe Original zurück. Für die Kenntniss der alten Topographie Münchens sind dann ausserordentlich wichtig die Stadtpläne von Tobias Volckmer 1613, Wenzel Hollar 1623 und Merian 1644. Merian hat auch Einzelansichten von München angefertigt, die in Details nicht immer ganz zuverlässig sind. Eine im Einzelnen ungenaue Ansicht der Residenz findet sich auch in Pallavicino: «I trionfi dell' Architettura» 1680. Verkleinert nachgestochen nebst andern Ansichten von München bei Anton Wilhelm Ertl: «Churbaierischer Atlas» 1687. Sehr wichtig,

Das älteste Datum, unter welchem der Name der Neuen Veste vorkommt, giebt Reber in dem Jahre 1304.[1] Er bringt die Errichtung des so bezeichneten Gebäudes mit der in die ersten Jahre des 14. Jahrhunderts fallenden Ummauerung der äusseren Stadt, welche seit Ludwig dem Bayern entstanden war, in Zusammenhang. Ueber die Stelle, auf welcher diese Veste gestanden hat, kann man nur Vermuthungen geben. Nagler[2] glaubt sie in einem noch vorhandenen einfachen aber geräumigen Bau an der Nordseite des Marstallplatzes gegen die Hofgartenstrasse zu erkennen. Sie soll auch identisch sein mit einer unter Kaiser Ludwig 1339 in dieser Gegend unter der Bezeichnung Burgstall erwähnten Hofstatt. Suchen wir nach diesem Burgstall auf der Miniaturansicht Münchens von Müelich in den Motetten des Cyprian de Rore, so erblicken wir ungefähr an der betreffenden Stelle ein Gartenhaus, dessen Form der Identität mit dem von Nagler bezeichneten Gebäude widerspricht. Der jetzt noch bestehenede Bau scheint vielmehr eines von den Zeughäusern zu sein, welche auf dem Merian'schen Plan von 1644 den Platz einnehmen. Von der ältesten Neuveste ist also nichts mehr übrig.

Häutle[3] setzt die Erbauung der später so genannten Neuveste in das Jahr 1385 und sagt, dass die erste urkundliche Notiz über sie vom 7. März des Jahres 1389 stamme. Vom Jahre 1476 hören wir, dass die Neuveste in die Befestigungen der Stadt mit einbezogen wird. An „der newen vest, in fürstlichen Paumbgarten" war die Stadt nicht mit Gräben und Zwingern versehen, und weil „die lewff allenthalben geschwind" waren, baten die Bürger den Herzog und erhielten die Erlaubniss die Befestigung um die Neuveste herumzuführen.[4] Der Grund und Boden, auf welchem ent-

wenn auch nicht in allen Einzelheiten genau, sind dann die Stiche bei Wening: «Historio-Topographica Descriptio. Das ist Beschreibung dess Churfürsten- vnd Hertzogthums Ober- vnd Nidern Bayrn. Getruckt zu München bay Johann Lucas Straub. Anno MDCCI». Vergl. meinen Aufsatz im Repertorium für Kunstwissenschaft X, 4, 1887, welchen dieses Kapitel im wesentlichen wiedergiebt.

[1] Franz Reber: Bautechnischer Führer durch München. 1876, S. 26.
[2] G. K. Nagler: Topographische Geschichte von München und seinen Vorstädten. Zweite Aufl. München, 1863, S. 48.
[3] Häutle: Die Residenz in München. Bayerische Bibliothek herausgegeben von Reinhardstötter und Trautmann. 27/28. S. 3.
[4] Westenrieder: Beiträge zur vaterländischen Geschichte. VI, S. 195 f.

weder diese ganze Neuveste oder wenigstens ein Theil davon stand, und welchen noch heute der nordöstlichste Flügel der Residenz bedeckt, war von den Franziskanern [1] erworben worden. In der ersten Hofzahlamtsrechnung von 1551 [2] findet sich nämlich folgende Notiz: „Den Vierten May bezalt dem Maist. Steffen Hofschneider, Als verwallter des Parfuessers Closters alhie 52 fl. Jarlichsgellts, lautt des Gardians bekhanntnus die Inen gegeben werden, albey auf Liechtmessen, von wegen des Grundts darauf die Neuvest steet, auch etlicher Hof halber so Inen genommen worden." Diese Ausgabe kehrt jährlich wieder, später unter dem Wortlaut: „Den Parfotten alhie 52 fl." [3]

Diese im Jahre 1476 mit Festungswerken versehene Neuveste ist in der Hauptsache bis 1750 bestehen geblieben. Damals vernichtete sie ein grosser Brand. [4] Freilich waren einzelne Theile im Lauf der Zeit verändert worden. Häutle berichtet von „einem archivalischen Zettel" (im allgemeinen Reichsarchiv), [5] welcher „unter anderem" die Worte enthalten habe: „sed quia hoc aedificium (die Neuveste) anno 1540 de novo erectum, patet ad introitum ad apothecam aulicam in porticu exteriori". Es soll dieses sogar eine Inschrift gewesen sein, welche noch im Jahre 1731 an der Ostseite der Residenz zu lesen war. Jedenfalls ist dieser Um-

---

[1] Das Franziskanerkloster war 1286 von Ludwig dem Strengen gegründet worden. Seine Gebäude nahmen bis zur Säcularisation im Jahre 1803 den jetzigen Max-Joseph-Platz und die Stelle des grossen Hoftheaters ein.

[2] Die Hofzahlamtsrechnungen werden im Kreisarchiv in München aufbewahrt. Bis zum Tode Albrechts V. fehlen die Jahrgänge 1552, 1553, 1555, 1556, 1559.

[3] Dass die Franziskaner in ihren Grundbesitzrechten bei der Umwallung der Neuveste 1476 gekränkt wurden, geht aus einem Breve des Papstes Sixtus IV. vom 30. Oktober 1482 hervor, welches Häutle ohne nähere Angabe in der Anmerkung zu Hainhofer S. 111 citirt. Es besagt, «dass Herzog Albrecht IV. pro vallando et muniendo novum castrum suum Monaci partem horti ibi contigui ad fratres minores pertinentis an sich genommen und denselben dafür talem recompensam geboten habe, quae cedat in evidentem fratrum utilitatem, worauf der Herzog von den kirchlichen Censuren wieder absolvirt wurde, in welche er deshalb verfallen sei. Vergl. Anm. 15. auf S. 4 meines Aufsatzes im Repert. X, 4.

[4] Heute steht auf der Stelle der nordöstliche Flügel der Residenz. Nur der alte Christophthurm ist insofern erhalten geblieben, als er dort eingemauert ist.

[5] Bayerische Bibl. 27/28 und im Textband zu dem Werk von G. F. Seidel: Die kgl. Residenz in München. Lpz. 1883.

bau nicht ein vollständiger gewesen; denn die Abbildungen dieses
Schlosstheiles bei Müelich, Merian, Pallavicino, Ertl, Wening zeigen
in der Hauptsache gothische Verhältnisse. Nur der Mittelbau des
östlichen Tractes macht davon eine Ausnahme. Es ist derselbe,
in welchem Herzog Albrecht V. 1559—1560 den neuen Saalbau
ausführen liess. Da sich nun die Tafel mit der genannten Inschrift
an der Ostseite befunden haben soll, ist es wahrscheinlich, dass
schon Herzog Wilhelm IV. dieses Gebäude hat anlegen lassen,
und dass sein Nachfolger es nur ausbaute. Diese Annahme wird
noch durch die geringe Höhe der Kosten bei dem Saalbau von
1559 und 1560 gestüzt. Dieselben betrugen 7 620 fl. So viel kann
die reiche Innendecoration allein gekostet haben. Ja wir erhalten
sogar einen bestimmten Beweis dafür, dass das Gebäude mit dem
Saalraum schon früher als 1559 bestanden haben muss, denn bereits 1554 finden wir den Altan, welcher auf dem flachen Dach
desselben seiner ganzen Länge und Breite nach sich befand, als
bestehend erwähnt. Am 1. Juni 1554 erhält der Hofmaler „vmb
arbait die Altana in der Newen vest betreffend 6 fl. 5 β.“

II.

Von der Neuveste, wie sie zur Zeit Albrechts V.
aussah, haben wir ausser mehreren Abbildungen zunächst die
kurze Beschreibung des nicht viel späteren Zeitgenossen Hainhofer. Dieser sah 1611 schon die neue Residenz des Herzogs
Maximilian, und von deren Glanz geblendet, betrat er „die alte
newe Veste, welche vor disem auch die newe Veste genandt
vnd ehe dise ietzige newe Veste gebawet worden, die gewohn-
liche und ordinaria Fürstliche residenz ware, die vmb hero einen
Wassergraben hat, innwendig ein zimblich finsteres melancholisches
wesen ist.“

Diese Neuveste stellt die Miniaturabbildung Hanns Müelichs
am Nordostende von München dar, 1559. Die Stadt ist von Nordosten gesehen. Im Vordergrunde rechts erblickt man die Isar, an
ihrem Ufer zahlreiche Gärten, von denen Adrianus Romanus 1595
berichtet: „Hortos suburbanos orienti Soli expositos limpidissimi
riuuli ex amne deducti murmure gratissimo praeterlabentes rigant

München im Jahre 1559.

Von Hanns Müelich aus den Miniaturen zu den Motetten des Cyprian de Rore i. d. Kgl. Hof- und Staatsbibl. zu München.

mirificeq; recreant." Dahinter zieht sich die mit einer doppelten Ringmauer umgebene Stadt hin, überragt von den Frauenthürmen, dem Doppelthurm von Sanct Peter, [1] dem Thurm der Salvatorkirche. Links hinter der Stadt erblickt man die Kette des Hochgebirges. An der Residenz nach Unsers Herrn Thor [2] häufen sich die Befestigungen zu massiven Thürmen mit starken Zinnen. Die Gebäude der Residenz werden im Nordosten von dem runden Christophthurm flankirt. Dieser hat ein kegelförmiges Dach. Hinter und neben ihm gewahrt man drei hohe Giebelhäuser. Südlich schliesst sich die Hofkapelle daran. Dahinter ragt ein vierkantiger Thurm mit pyramidenförmigem Dach empor, welches oben noch einen Aufsatz trägt. Nach einigen Zwischengebäuden folgt der Saalbau. Er ist einfach, im Grundriss rechteckig und hat auf dem flachen Dach den vorhin genannten Altan. Davor in der Breite nach Osten und in der Länge nach Süden erstreckt sich der Hofgarten, der abermals von einer Mauer mit runden Thürmen umgeben ist, die anders als die flach gedeckten Thürme der Stadtmauer mit kegelförmigen Dächern gedeckt sind. Im nördlichsten Theile des Gartens gewahrt man ein unregelmässiges Sommerhaus.

Von diesem Hofgarten berichtet Hainhofer 1611: „Vber den Schlossgraben hinauss hats ainen gang inn die alte gärten, darinnen vil guetei alter baum vnd länder zur Kuchenspeiss vnd kräutelwerkh, ain langer weiter perspectivischer mit weinreben vberzogener pergula." Dieser Hofgarten befand sich auf dem heutigen Marstallplatze. Nicht viel anders wird der Garten zur Zeit Albrechts ausgesehen haben, denn Adrianus Romanus erwähnt 1595 ausser einem später zu besprechenden Lusthause in diesem Garten nur „artificiosum fontem". Und reicher scheint der Garten in der That nicht gewesen zu sein. Auf der Miniatur von Müelich stellt er sich als einfacher Baumgarten dar, und auf dem Plane von Volckmer vom Jahre 1613, der an dieser Stelle wegen mehrfacher Ungenauigkeiten allerdings mit grosser Vorsicht zu

<hr>

[1] Jetzt nur mit einer Spitze.
[2] «Vnnsers Herrn thor» stand am Ende der Schwabinger Gasse. der heutigen Theatinerstrasse. etwas nördlich von de jetzigen Feldherrenhalle.

benutzen ist, sehen wir ausser einem kleinen Tempel und einem Springbrunnen auch keine weiteren Anlagen darin. [1] Dass Herzog Albrecht in dem Baumgarten, den er schon von seinen Vorfahren überkommen hatte — wir haben ihn bereits 1466 erwähnt gefunden —, einige Veränderungen vorgenommen hat, darf man wohl aus dem Beiwort novus zu hortus bei Adrianus Romanus schliessen.

Dieser Topograph erzählt: „Novus ipsius Ducis iuxta novum castrum hortus, praeter artificiosum fontem et domum aestivam pulcherrimis picturis ac statuis ornatam. Hoc singulare habet, vix usquā alibi reperire sit, ut crepusculo appetente vespertino magnus cervorum grex, interdum centum aut plurium, sub ipsas propemodū fenestras sponte accedat". Hainhofer lässt sich darüber folgendermassen aus: „Auf der seiten hinum, ain langer gepflasterter gang, zue end desselben ain schön lusthauss mit etlich schönen gemahlten kleinen und grossen Zimmern, stattlichen thürgerichten, Marmelstainenen aussgehauenen säulen vnd bildern, perspectivisch gemahlter Saal wol zu sehen ist. Unter anderm ist der Juppiter auf dem Adler sitzend in der höhin gemahlt, der wendet die füess zu einem, er gehe imm Saal, wo er wolle. Auf einer seitten dises lusthauses ist das ausssehen inss feld holtz, darinn die hirschen gehen vnd hauffenweiss biss an dass hauss hinan kommen; ist auch der Schiessgraben oder Schiesshüttin daherumb. Herzog Albrecht (V.) dess regierenden jetzigen herrn Avus [2] hochseel. gedächtnuss hat sich vil inn disem lusthauss recreirt".

Dieses Lusthaus Albrechts V. stand ausserhalb des vorerwähnten Hofgartens an der Stelle, wo heute die Max-Josephs-

---

[1] Nagler beschreibt diesen östlichen Hofgarten, der auf der Stelle des heutigen Marstallplatzes lag, als ausserordentlich schmuckreich von Herzog Albrecht angelegt. Naglers Angaben gehen fast wörtlich auf Lipowsky: Urgeschichten von München II. S. 409 ff. zurück. Schon Rée (a. a. O. S. 16 ff.) vermuthete, ohne die Quelle der Nagler'schen Beschreibung zu kennen, dass sie ein Phantasiegebilde von «getrübten Reminiscenzen aus Beschreibungen des östlichen und des erst von Herzog Maximilian angelegten südlichen Hofgartens sei.» Ich habe auch die missverstandene Quelle Lipowsky's aufgefunden in Martin Zeiller: Itinerarium Germaniæ, Teutsches Reyssbuch, Strassburg, 1632, der seinerzeit wieder Hainhofer abgeschrieben hatte, was Lipowsky jedoch unbekannt war. In meinem Aufsatz (Repertorium X. 4) habe ich die Compilation im Einzelnen nachgewiesen.
[2] Herzog Maximilian I. später Churfürst.

kaserne sich befindet. Damals schloss sich daran die jetzt zum Englischen Garten umgewandelte Hirschau. Es ist lange und ohne wesentliche Veränderung bestehen geblieben. Nach Merians Plan von 1644 war es ein zweistöckiges Gebäude mit flachem Dach. Dessen Rand war rings herum mit grossen Steinkugeln geziert. Die näheren Details im Aeussern des Hauses anzugeben ist nicht möglich, da es sich nach den Stichen von Merian und Wening offenbar aus Nachlässigkeit verschieden darstellt. So viel scheint sicher, dass sich rings herum unter dem Dache eine Blendgalerie von wenig hervortretenden Pilastern hingezogen hat, indem die einzelnen Pilaster die Steinkugeln auf dem Dache trugen.[1] Die Beschreibung, welche Wening 1701 von dem Lusthause giebt, scheint, nach den Angaben bei Romanus und Hainhofer zu schliessen, noch im wesentlichen mit seinem Aussehen unter Albrecht V. übereinzustimmen. Im Jahre 1701 bestand der nördliche Hofgarten schon fast 90 Jahre — seit 1614. Wening kommt aus der nördlichen Arkadenreihe des letzt erwähnten Hofgartens und sagt: „Nachdem man nun die letzte Statuam dess auff drey Harpyen mit Pfeil schiessenden Herculis (in den Arkaden) besehen, besteiget man 5 steinene, 15 Schuech braite Staffel in die Höhe zu einer Wunderschönen roth Marmelsteinenen Porten, so mit weissen Marmel durch und durch aussgezogen; im Obertheil ist mittelst auff weissen Marmelstein erhebt eingehauenen Triumphen, das weise Urtheil Salamonis, so er über zwey Weiber eines strittigen Kinds halber geführet, sehr köstlich abgebildet. Der Saal selbsten ist mit roth, weiss und grauen Marmel gleich einem Spiegel glantzend belegt, die Oberdecke bestehet in 13 Theilen, vnd eben so viel künstlichen Gemählen, so die Götter der alten Heyden, vnder denen Jupiter auff einem Adler das Mittel behauptet, vorbilden, warunder rings herumb die alte Römische Kayser in Brustbildern gemahlt, vnnd ober den zehen Fenstern viel gar rare Hirschgeweyhe zu sehen. Die zwey grosse Porten in diesem Saal, deren eine den Eintritt, die andere den Abgang in den Garten hinabweiset. seynd von rothem Marmel, jede mit vier Saulen auff grossen Postamenten in die Höhe ge-

---

[1] Der Volckmer'sche Plan zeigt das Lusthaus nicht. auch hierin unzuverlässig.

führt, zu beeden Seyten, jedesmahl zwischen zweyen Saulen, stehen die vier Jahreszeiten in Lebens Grösse von köstlichsten weissen Marmel, deren Eygenschafften seynd in dem Fussgestell auff Marmelsteinene Platten von erhebter Arbait gebildet. Beyde Seyten junenher gegen dem Thor seynd mit vnderschidlich biss 5 Zoll erhebten Figuren von derlay Marmel gezieret. Es ermanglet auch bey den Obergesimbsen auss gleichem weissen Stein an Kunst und Zierde der Bildnussen nichts. Sonsten eröffnet in disem Saal eine hohe Thür auss rothem Marmel zwischen den zweye Porten vier Fürstliche Zimmer, vnd zwey Säälein mit Marmelstainenen Caminen, vnd eben solchen Pflastern, die Oberdecken seynd sammentlich von erhebter Küstler Arbeit mit vnderschidlichem Holtz mühesamb vnd Kunstreich eingelegt."

Das Lusthaus bestand bis in den Anfang dieses Jahrhunderts. Lor. Hübner [1] beschreibt es 1803 als eine Ruine und fügt in der schnörkelhaften Weise seiner Zeit hinzu: „Jetzt herrscht hier die stille Einsamkeit abgeschiedener Gloria, bis das ganze dem neuen Kasernenbaue einverleibt sein wird." Schon Westenrieder [2] nennt es 1783 einen „ehemals prächtigen Saal". Er ist der erste, welcher berichtet, dass die 13 Gemälde an der Decke des Saales von Hanns Bocksberger wären, welche Angabe bis heute noch nicht angezweifelt ist.

III.

Im Innern der Neuveste werden öfters die R u n d - und die L a n g s t u b e erwähnt. In diesen beiden Gemächern speissten bei der Hochzeit Wilhelms V. die fürstlichen Personen, doch so dass in der Langstube die Haupttafel aufgestellt war.

Ueber den Bau der L a n g s t u b e , später St. Georgssaal genannt,· im Mittelbau des östlichen Flügels, gibt die Hofzahlamtsrechnung von 1560 genaue Auskunft. Dort heisst es: „So ist durch mich Zeller Zalmeister dises 60ste Jars Wilhelmen Egckl Pawmaister auf den Salpaw der Newen vest vnnd hiervor im ver-

---

[1] Beschreibung Münchens. I, S. 354.
[2] Beschreibung von München S. 62.

St. Georgsaal in der Neuveste zu München.
(Herzog Albrecht V. auf dem Thron sitzend, umgeben von seinem Hofstaat, empfängt fremde Gesandte). Aus den Miniaturen Hanns Müelichs
zu den Busspsalmen des Orlando di Lasso in der Kgl. Hof- und
Staatsbibl. zu München. Bd. 1, S. 4.

schinen 59ste Jar bezalte vnnd durch mich verrechnete 7320 fl.
abermals Innhalt seiner Bekanntnussen bezalt worden 300 fl." Doch
schon 1558 muss der Bau begonnen haben, da er in einem Briefe
vom 20. Juli dieses Jahres [1] erwähnt wird. Von dem Innern
dieses Saales haben wir mehrere Abbildungen und die Beschreibungen Hainhofers und Wenings. Die Abbildungen enthalten zwei
Miniaturen von Müelich in den Psalmen des. Orlando di Lasso
Bd. I, (1565 vollendet) S. 4 und Bd. II, (1565—1570) S. 187,
ferner mehrere Stiche von Nicolaus Solis, welche die Festlichkeiten
bei der Hochzeit von 1568 darstellen. „Ueber ein steinene Stiegen
von 26 Stafflen" [2] kam man in den „150 Schuech langen vnnd
90 Schuech [3] braiten" Saal, dessen Grundriss ein Rechteck war.
Beide Langseiten zusammen hatten 11 hohe mit Butzenscheiben
verglaste Fenster, „deren Gestöll auss vergolten Marmel auff Tap-
peten Art sehr künstlich zugerichtet" war. Die Wände waren
rings herum bis zu doppelter Mannshöhe mit reichen Goldtapeten
bedeckt. Darüber befanden sich an den Schmalseiten grosse Wandgemälde, deren eines eine Schlacht in weiter Landschaft zum Vor-
wurf hatte. Ueber jedem Pfeiler der Fenster an den Langseiten
befand sich eine Darstellung in herzförmiger Umrahmung, „neben
alt Testamentischen Historien meisten theils die Regierungs
Geschichten Kaysers Ludovici IV., Hertzogs aus Bayrn etc. künstlich entworffen." Die übrige Wandfläche bedeckten ornamentale
Verzierungen. Die Grundfarbe war ein zartes Grau. Ueber den
Malereien zog sich das in braunem Holz geschnitzte Gesims hin,
bestehend aus verschiedenen Reihen von Zahnschnitt übereinander,
darüber Consolen und dazwischen geflügelte Engelköpfchen. In
gleichen Abständen waren an dem Gesims grosse ebenfalls in
Holz geschnitzte Cartouchen befestigt, welche verschiedene Wappen
umschlossen. Ueber den Consolen lag die Holzdecke. In dieser
waren viereckige Felder vertieft, in den dazwischen stehen

---

[1] Anm. zu S. 33.
[2] Die Citate aus Wening.
[3] Ich schreibe 90 Schuh Breite. trotzdem Wening 60 Schuh angiebt,
da das Verhältnis von 150 : 60 nicht mit den Abbildungen überein-
stimmt. Auch giebt Wening die Dimensionen des die ganze Länge und
Breite des Saales einnehmenden Altans auf dem Dache mit 150 und
90 Schuh an, weshalb die Zahl 60 wohl nur verdruckt ist.

gebliebenen Balken geringere Vertiefungen von verschiedener Form. In der Mitte der grösseren Felder und an den Schnittpunkten der Balken befanden sich vergoldete Rosetten; reiches Schnitzwerk füllte alle Flächen aus. Der Boden des Saales war getäfelt „auss roth und weissen Marmel." An demselben Ende jeder Schmalseite war je eine Thüre angebracht, umgeben von reichem Renaissancerahmenwerk in Stein. Zwei Säulenpaare trugen den Architrav, zwischen den Säulen jedes Paares stand in einer Nische eine Figur, an der nördlichen Thür „Abraham und Moyses", an der südlichen „Apollo vnd Pan". Ueber dem Architrav erhob sich ein Aufsatz, welcher an der einen Thür ein rechteckiges an der andern ein halbkreisförmiges Feld umschloss, die mit Darstellungen, wie es scheint, in Relief ausgefüllt waren. Sculpirte ornamentale Verzierungen umgaben diese Mittelfelder. In der Mitte der Längswand, welche den Thüren entgegengesetzt war, erhob sich ein reicher Kamin. Zwei nackte männliche Oberleiber, welche unten in Voluten auslaufen, tragen ein mit Ornamenten reich verziertes Gebälk. Darüber ein rechteckiges niedriges Mittelfeld, in Relief eine kniende geflügelte Gestalt darstellend, welche zwei ornamental behandelte Delphine hält. Zwei kleine Pilaster fassen dieses Feld ein, zwei kleine stehende Putti an den Ecken tragen den sich darüber erhebenden Aufsatz. Auf Voluten sitzen, den Rücken einander zukehrend, ein nackter Jüngling und ein nackter Greis. Zwischen ihnen ist das Bayerische Wappen angebracht. Ueber dem Wappen steht die Göttin der Gerechtigkeit, in der Linken hält sie die Wage vor sich hin, in der erhobenen Rechten das aufwärts gerichtete Schwert. Rechts und links zu ihren Füssen lagern zwei zu ihr aufschauende Gestalten. Der Kamin, dessen Aufbau ausserordentlich harmonisch ist, erreicht fast die Höhe des Saales. An der Schmalseite, an welcher sich das Schlachtgemälde befand, hing von der Decke ein reich vergoldeter Teppich herab, welcher sich oberwärts daran noch hinzog und so den Baldachin für den darunter stehenden Thron bildete, auf welchem sitzend der Herzog fremde Gesandte empfing oder feierliche Regierungshandlungen vornahm. Sonst wurde der Saal zu Festen benutzt.

Hainhofer nennt ausser der Langstube nur noch „einen

kleineren Saal, auch mit hültzenen vergülten gedüll"¹ und fügt
in Bezug auf beide hinzu: „vnd kann man auss den Zimmern
inn der höhe durch haimliche löcher inn die Sääl hinundersehen."

Wening gibt eine genauere Beschreibung der Vor-Maxi-
milianischen Neuveste, und ich citire daraus, was zu seiner Zeit
von Albrecht V her noch unverändert gewesen zu sein scheint.
Aus der einen Pforte des Georgsaales „betritt man ein Vorfletz,²
so eine Decke von künstlichem Täfelwerk zeiget, vnd auss dem
man rechter Hand fünff, vnnd lincker Hand zwei Zimmer vor sich
hat. Ueber ein Stiegen alsdann von 24 Stafflen erreicht man aber-
mahl ein dem herundern gleiches Fletz; darinn an der Wand in
schönem Marmel der Durchleuchtigste Erbauer dieser neuen Veste,
Hertzog Wilhelmus IV. sambt seiner Frauen Gemahlin nach
Lebens Grösse stehet; hiernechst folgt die Ritterstuben, in die
Rundung geführt, und mit acht Fenstern hell erleuchtet, die Ante-
Cammer (warauss eine Thür lincker Hand in ein Wartzimmer,
vnd dann ein Erckerlein den Weeg in ein Guarda Robba Cammer weiset) hat ein berühmbte Decke von Flaterholtz; mit dergleichen Täffelwerk pranget auch das Audientz- vnd Schlaffzim-
mer, das daran stehende Retirad-Zimmer hat ein kleine geheimbe
Stiegen in den obern Gaden;³ vnnd in dem dabey gelegenen
kleinen Cabinet ersihet man einen feinen Camin. vnnd künstlich
in die Wand eingelegten Kasten. Im übrigen hat es mit der
Gelegenheit dess obern Gadens allerdings, wie herunden, die Be-
schaffenheit, ausser dass man aus selbigem dritten Vorfletz ein
grosse, durchgehends mit Kupfer belegte. vnd von künstlicher
Schlosser-Arbeit eingefangene Altona besteigen kan, welche in der
Länge 150 in der Breite 90 Schuech haltet."

Der zweite Aufgang vom Hofe „fangt an mit einem offnen
schön gewölbt vnnd gemahlnen Bogen, folgends besteiget man
ein stainene Stieg von 32 Stafflen, hierauff neun schöne Zimmer
gezählt werden, die man zu vnderschidlichen Gebrauch vorbe-
haltet. So dann ersihet man die St. Georgen, oder die ältere Hof-
Capell, so mit einem absonderlichen Thurn vnnd schönen Geläut

---

¹ Täfelung.
² Vorplatz.
³ Stockwerk.

versehen, der gantze Altar ist auss feinem Marmel, vnd darinn die Bildnuss des H. Martyrers Georgij auss einem Stuck, das Pflaster bestehet auss roth vnd weissen Marmel, vnd ist auch dise Kirch auff der Evangelij Seyten mit bequemen zweyfachen Oratorien, vnd einer absonderlichen Sacristey wol bestellt."

Eine Aussenansicht dieser Kapelle giebt die Miniaturabbildung Münchens in den Motetten des Cyprian de Rore. Sie stellt sich als ein besonderes Gebäude zwischen dem Christophthurm und dem Saalbau dar. Nach aussen war sie ein einfaches Haus mit einem Satteldach, dessen einer Giebel nach Osten schaute; in der freistehenden Ostfront befand sich auch ein grosses gothisches Fenster, während die entgegengesetzte Seite sich an ein Gebäude anlehnte. Dahinter ragte der viereckige massive Thurm empor.

Die beiden Innenansichten der Kapelle finden sich in den Miniaturen zu den Psalmen des Orlando di Lasso, im zweiten Bande S. 183 und 186. Die eine von Westen, die andere von Osten aufgenommen. Die auf beiden Abbildungen gleichzeitig sichtbaren Theile der Kapelle stimmen nicht ganz genau mit einander überein. Dennoch können wir nicht annehmen, dass die eine Seite zur Katharinen-Kapelle und nur die andere zur Georgs-Kapelle gehörte, da die allgemeine Verwandschaft der Theile zu gross ist, und die Abweichungen im Einzelnen auf Rechnung der künstlerischen Freiheit zu setzen sind. Auch auf den beiden Ansichten von der Langstube ist Müelich in Details ungenau. Es kam ihm eben nicht darauf an die Wirklichkeit zu copiren, sondern ein schönes Bild zu geben.

Von Westen, aus dem an die Kapelle stossenden Residenzgebäude kommend, trat man in einen kleinen Vorraum, aus welchem ein Durchgang in der Mauer in den ersten Theil der Kapelle führte. Dieser war im Grundriss etwa quadratisch und mit einer flachen Holzdecke versehen. Die östliche Wand wurde durch eine grosse Oeffnung, die oben mit einem ganz flachen Bogen abschloss, fast vollständig aufgezehrt, so dass nur die Ränder stehen blieben. Durch diese Oeffnung trat man in den östlichen Hauptraum, der im Grundriss ebenfalls etwa quadratisch, aber von einer viel bedeutenderen Höhe als der erste Theil der Kapelle war. Und zwar so, dass der Fussboden des über dem

**Innenansicht der St. Georgkapelle in der Neu-
veste zu München.**

Aus den Miniaturen Hanns Müelichs zu den Busspsalmen des Orlando di
Lasso in der Kgl. Hof- und Staatsbibl. zu München. Bd. II, S. 185.

Eingang angebrachten Balkons mit der Decke des ersten Theiles in derselben Höhe lag. Dieser Haupttheil war mit einem Kreuzgewölbe überspannt, in der Ostseite befand sich das hohe gothische Fenster mit Glasmalereien.. Durch ein Eisengitter wurde er noch einmal in eine grössere östliche und eine kleinere westliche Abtheilung getrennt. An der Ostwand befanden sich drei Altäre, unter dem Fenster in einer Nische ein kleinerer, zu beiden Seiten zwei grössere, alle mit Renaissancerahmenwerk. Hinter jedem der beiden grösseren Altäre war ein innen grüner und aussen rother Vorhang aufgespannt, welcher sich nach oben zeltartig zusammengenommen, an der Wand emporzog. Die Wand selbst war mit Renaissanceornamenten grau auf goldigem Grunde bemalt. An der westlichen Seite über dem Durchgang nach dem westlicheren Theile der Kapelle befand. sich, wie schon erwähnt. ein Balcon für die Damen des Hofes, in Hufeisenform, noch ein Stück an der nördlichen und südlichen Wand vorspringend. In der Westwand über dem Balkon war eine grosse halbkreisförmige Nische, in der Nord- und Südwand Eingänge. Alle drei Wände oberhalb des Balcons bedeckten Wandgemälde. An der Westseite ein jüngstes Gericht, links darauf die Auferstehenden und die Seligen, rechts der Höllenrachen. An der Südwand befand sich noch ein Altar ganz nach der Ostecke zu. Sonst zogen sich Betstühle an den Wänden beider Kapellentheile hin. An der Wand, in dem Haupttheil, von Westen aus gerechnet vor den Gitterschranken, stand eine Orgel (?). Von der Decke desselben Theiles hing ein Holzschnitzwerk herab: Die heilige Jungfrau mit dem Kinde in einer Mandorla von Wolken. Zwei Engel hielten über ihrem Haupte eine Krone. Unterhalb des Schnitzwerkes die Arme eines Kronleuchters. An der Wand, welche die beiden Kapellentheile trennte, befand sich im westlichen Theile links oben in der Ecke ein aus Holz geschnitzter Christus am Kreuz mit Maria und Johannes.

Aus Wening entnehmen wir für die Kenntnis der alten Neuveste noch folgendes. Nachdem man aus der Georgskapelle tretend „die zweyte Stiegen mit 21 Stafflen überstigen, findet man grad vor sich die Ritterstuben, auss welcher man durch eine Thür rechter Hand in die Ante-Cammer vnd in das mit einem zierlichen Camin versehene Audientz-, so dann in das Schlaff-

zimmer gelangt. welche Zimmer alle mit künstlichen, doch jedesmahl an der Form vnderschidenen Decken von Küstler-Arbeit,
vnd was das angenembste ist, mit dem lustigisten Ausssehen
prangen, als nemlich gegen der Isar vnd Hirschanger, ja biss auff
Freysing. Und gleich an solchen Zimmern ist auch die überauss
schöne St. Catharina Capell gelegen, deren Namen jhr von dem
Act der Kirchweyhe (so am Fest diser H. Jungfrauen begangen
worden) gebliben ist, wiewol sie sonst denen H. H. Apostlen
Petro vnd Paulo dedicirt, vnd in dem Altar-Blat die Creutzigung
Christi enthalten ist. Sie hat vier kleine Porten, die sambt dem
Bettgestühl ein schöne reich vergoldete Schreiner-Arbeit (später?)
zu betrachten geben, ist mit roth vnd weissen Marmel belegt,
vnnd so wol an deren gewölbten Decke, als obenher an denen
vier Wändten, durch einen künstlichen Pensel gar anmüthig
gezieret, hat eine sonderbare Sacristey. Im Zuruckweg ausserhalb
der Ritterstuben zeigt sich eine grosse Taffelstuben, vnd an dises
stosset ein Rundzimmer, dessen Decke widerumb auss feiner
Küstler-Arbeit bestehet, vnd der Camin auss Marmel. Der obere
Gaden auff diser Seyten der neuen Veste (darzu man noch über
ein stainene Stieg von 25 Stafflen kommet) begreifft endlich noch
in sich sechs andere Gemach."

IV.

Im Jahre 1563 begann der Herzog einen neuen Marstall
zu errichten neben der alten Veste Kaiser Ludwigs nach der
Seite seiner eigenen Residenz zu, ein durch seine edle Einfachheit
würdiges Denkmal. Dort steht das Gebäude im Aeussern freilich
verändert noch heute als kgl. Münze. Erst im Jahre 1567 war
es fertig, und die Gesammtbaukosten betrugen etwa 60,000 fl.[1]
Der Erbauer des Marstalls ist jedenfalls der fürstliche Baumeister
Wilhelm Egckl. Auch der Bildhauer Hanns Äslinger scheint da-

---

[1] Genau lassen sie sich nicht berechnen, da die Ausgaben für den
Bau des Marstalles mit denjenigen für andere Hofgebäude in Pauschal-
summen angegeben sind. Doch lassen sie sich nach Abzug der Summen,
welche in den andern Jahren für die Unterhaltung der Hofgebäude
bezahlt werden, ungefähr bestimmen.

bei beschäftigt gewesen zu sein, denn im Jahre 1563 erhält er 11 fl. als Zerung „gen Aychstet", und im folgenden Jahre wird unter seinem Namen für die fürstlichen Hofgebäude um 433 fl. „weyss Aichstetter Tuff Stain" in Rechnung gebracht. [1] Was noch heute das Auge jedes Besuchers vornehmlich erfreut, ist der schöne Hof des Gebäudes. Der Grundriss des Hofes bildet ein Rechteck, dessen eine Seite jedoch ein wenig schräge steht. In drei Stockwerken übereinander ziehen sich Arkaden herum mit neun Bogen an den Längsseiten und drei an den Querseiten. Die Säulen des untersten Stockwerks setzen mit einer einfachen runden Basis vom Erdboden ab, streben kräftig eine kurze Strecke empor und tragen dann auf einem jonisirenden, ebenfalls sehr kräftigen Kapitäl die Arkadenbögen in derber Rustica. Dicht darüber zieht sich die massive Balustrade des mittelsten Stockwerkes hin. Darunter noch setzen sich die Säulen in einer breiten, aus zwei übereinander liegenden Voluten bestehenden Console kräftig fort. Darauf stützt sich der wenig aus der festen Balustrade hervorspringende Pilaster, dessen Fläche ebenso hoch wie breit ist, dann folgt eine Basis aus zwei festen Ringen, ein kurzes Stück Säulenschaft und ein gedrungenes korinthisirendes Kapitäl, auf dem die mit Längsrippen versehenen Arkadenbögen des zweiten Stockwerkes entspringen. In den Zwickeln über der Säule eine leichte Console in Form eines Akanthusblattes, darüber freistehende Pfeiler in der sich quer hinziehenden durchbrochenen Galerie, deren einzelne Stacketen über Eck gestellte vierkantige kleine Pfeiler sind. Die Säulen senkrecht über den unteren erheben sich auf einer kleinen Plinthe, ein Ring dient als Basis und mit bedeutender Entasis streben sie schlank und sich stark verjüngend empor. Einfache Kapitäle tragen die Oberwand, die sich in glatten Bögen öffnet. Ueber den Bögen in der Wand gesimsartige wenig profilirte Streifen. Die Dächer der vier Seiten steigen, zusammen einen Trichter bildend, schräge nach aussen an.

Das Ganze macht einen ausserordentlich harmonischen Eindruck: die kräftigen Säulen des untersten Stockes, die gedrun-

---

[1] s. Hofzahlamtsrechnung.

gen des mittelsten und die schlanken der obersten Reihe; unten jonische, in der Mitte korinthische, oben glatte Kapitäle. Die Arkadenbögen unten in massiver Rustica, in der Mitte gerippt, oben ganz glatt. Die feste Balustrade des mittelsten Stockes, die durchbrochene des obersten und das schwache Gesims unter dem Dache.

Die Säulen des untersten und des mittelsten Stockwerkes sind aus weissem Marmor mit rothem Stuck beworfen, die des obersten aus rothem Marmor. Die Farbe der Wand ist graugrün. Wir erwähnten schon, dass die eine Schmalseite etwas schräge stände. Das ist jedoch nicht die einzige Unregelmässigkeit, denn fast jede Arkade hat eine andere Spannweite. Und trotzdem die Differenzen nicht geringe sind, wird der harmonische Eindruck dadurch nicht gestört, sondern im Gegentheil der Hof erhält durch diese Mannigfaltigkeit, deren sich das flüchtige Auge kaum bewusst wird, jenes künstlerische Leben, welches ihn so anziehend erscheinen lässt. Und wenn man in dem Hof einerseits durch die Arkadengänge an italienische Bauten erinnert wird, kann man sich andererseits nicht enthalten, der ruhigen Kraft der romanischen Epoche im Hinblick auf mittelalterliche Turnierhöfe zu gedenken. Hainhofer freilich verglich diesen einfachen Bau mit den Höfen in der von Italien sehr viel stärker beeinflussten Renaissance seiner Zeit und sagte daher: „Ist aine zimblich finstere stallung vnd gefallen mir die zu Stuttgart vnd zu Heidelberg vil besser."

Die Arkadengänge sind mit Kreuzgewölben eingedeckt, mehrere Thüren führen an den vier Seiten in das Innere des Gebäudes. Dieses legt sich im Rechteck um den Hof. Der westliche Schmaltheil enthält das Treppenhaus. In dem Erdgeschoss der drei anderen Theile ziehen sich in gleichen Abständen von den Wänden und unter sich zwei Säulenreihen hin und tragen die Kreuzgewölbe der Decke. Die etwa 3 m hohen schlanken Säulen von rothem Tegernseer Marmor steigen mit starker Entasis von achteckigen hohen Basen aus einem schwachen Ringe auf, oben legen sich einfache Reifen um den sehr verjüngten Schaft und bilden das Kapitäl, auf welchem das Gewölbe in gleichseitigen Spitzbögen über einem Abacus aufsetzt. Die Gewölbetheile desselben Feldes stossen in glatten Kanten aneinander, auch diejenigen verschiedener Felder berühren sich ohne Zwischengurte. Das alles

macht den Eindruck ruhiger Kraft. [1] Die Räume der Oberge-
schosse haben einfache horizontale Decken.

Durch Hainhofer erfahren wir, dass unten die Ställe für die
Pferde sich befanden, aber derselbe Gewährsmann giebt auch an:
„Ob der stallung ist die Kunst Cammer", wodurch die
Frage nach dem Aufstellungsort dieser Sammlung
gelöst wird. Dort befand sie sich noch im Jahre 1687, als Ertl
in seinem Churb. Atlas von ihr S. 252 ff. berichtete. Die Arbeiten
an der inneren Ausschmückung dieser Räume begannen 1571
und wurden erst in dem Vorjahre vom Tode des Herzogs 1578
beendet. [2]

Von der Neuveste nach dem alten Hof führte ein bedeckter
Gang; denn Hanns Wagner berichtet in seiner Beschreibung der
Hochzeit von 1568 f. 20, dass Seine Fürstl. Gnaden am Abend
des 18. Februar von der Neuveste „widerumb herauss gen Alten
Hoff vber den gang in jre Zimmer gangen". Noch directer sagt
es Trojano S. 4: Am Abend des 15. Februar begaben sich die
Fürstlichkeiten „in den neuen herzoglichen Palast, der ungefähr
zwei Schuss weit von dem alten Hof entfernt durch einen schönen
gebauten Gang mit demselben verbunden ist." Dieser Gang bestand noch zu Wenings Zeiten, er giebt an (Ia S. 11): „man
spatziert durch ein ablanges hüpsches Vestibulum (am Südende
des Ostflügels der Albertinischen Veste) vnd trifft ... einen Absatz
an, von welchem auss sich lincker Hand ein bedeckter Gang
öffnet, darauss man vnvermerkt zur Churfürstl. Kunst-Cammer oder
Guarda Robba, in das Franciscaner Closter vnd nacher Altenhof
gehen kan."

Im Jahre 1569 wurde den Barfüssermönchen des benachbarten Klosters wieder ein Theil ihres Grund und Bodens genommen und ihnen dafür eine jährliche Entschädigungszahlung
ausgesetzt. [3] Es war der sogenannte Jägerbühel, als Turnirplatz

---

[1] Jetzt sind im Erdgeschoss Zwischenwände gezogen und die Säulen
zum Theil eingemauert.

[2] Ueber den Abschluss der Arbeiten handelt ein Schreiben vom
4. September 1578, welches Stockbauer Quellenschriften für Kunstgeschichte VIII. S. 12 in der Anmerkung mittheilt. Vergl. auch den
Brief vom 13. Mai 1579 an derselben Stelle.

[3] Alljährliche Notiz der Hofzahlamtsrechnungen: «Den Parfotten

bekannt, an der Stelle des heutigen Brunnenhofes gelegen. Dieser Platz war ausersehen, um dort d a s G e b ä u d e f ü r d a s A n t i - q u a r i u m u n d d i e B i b l i o t h e k zu errichten. Gewöhnlich und schon von Hainhofer wird Herzog Wilhelm V. als Erbauer des heute noch bestehenden Antiquariums genannt, aber es sind unzweifelhafte Documente vorhanden, dass der Bau schon von Albrecht unternommen ist. Er scheint sehr langsam vorgerückt zu sein, vielleicht fehlten die Gelder, und er ist deshalb auch nicht von diesem Fürsten vollendet worden. Darauf bezügliche Notizen finden sich vom Jahre 1569 bis 1577.[1] Hanns Tonauer, der unter Herzog Wilhelm die Städteansichten an der Decke des Antiquariums gemalt hat, könnte nach einer allerdings sehr un-

---

allhie Nachdeme Jnnen ains thails an Jrem gartten Zue dem Newen Paw für die Liberej vnnd Antiquiteten genommen Worden Zue ainer erghezlichait Jörlich auf Michaeli 100 fl.»

[1] Vergebens suchen wir in den Hofzahlamtsrechnungen unter Albrechts Regierung nach einer Angabe über die Gesammtkosten des Baues, wir besitzen aber folgende Documente über das Gebäude: Von den Vorbereitungen handelt ein Brief des Hanns Jacob Fugger an den Herzog vom 9. März 1569 (Quellenschr. 8, S. 48 fl.) «Des Gebäudes wegen könnte E. G. keinen endlichen Bericht geben, weil Sie dessen noch nicht entschlossen aus Mangel der Abriss, deren Sie noch von mehr als einen Ort gewärtig, so Sie gedacht mit mir auch zu berathschlagen und also dieselben Sache zu meiner Ankunft aufschieben.» Ferner «Sonst ist er (Jacopo Strada) auch der Meinung E. F. G. sollten die Dillen (Decken) in der Librei (Bibliothek) mit Gemälden machen lassen, wie das Sommerhaus in m. gn. Frauen Garten, nämlich den grossen, und stände darin wohl die Historie Psyche die sei im Palast del T zu Mantua von Julio Romano gemacht, in einem Saal darauf es regne und immer ein paar Jahren werde eingehen und dasselbe künstliche Gemälde, dergleichen in Italien nicht sei, also scheinlich zu Grunde gehen. das könnte man auf Tuch von Oelfarben, dass es ein ewig Ding wäre und möchte solches auch gemacht werden, weil man den Zeug herzubrächte.» Häutle citirt eine Stelle aus einem Brief Albrechts V. vom 20. September 1569 «Darauf wir vor vnserer Newen vesst zur vnserer Bibliotec vnnd Antiquitatibus eine newe behausung erpawet.» Ferner liest man in der Hofzahlamtsrechnung von 1571 «Vmb Eisen so man in das fürstliche Wagenhaus genommen. die Zeit man auf dem Jäger Pichel gebawt hat 118 fl.» Vielleicht bezieht sich auf den Bau des Antiquariums resp. auf Herbeischaffung von Steinen dazu die Notiz in der Hofzahlamtsrechnung von 1575. «Item verrechnet Albrecht Scheichenstuel Salzmair zw Reichenhall, was er vom 23. Juni an bis ultimo Decembris 75 den verordneten Bildhauern wöchentlich verlohnt. auch den Knappen Zu fage Zebreichen vnd dann furlon 216 fl.» 1576 werden etliche Steinfuhren von Reichenhall mit 5 fl. und von Wasserburg mit 49 fl. bezahlt.

klaren Notiz der Hofzahlamtsrechnung vielleicht auch als Architect
gewirkt und das Gewölbe „aufgemacht und verfertigt" haben.[1]
Der Grundriss des Gebäudes ist ein lang gestrecktes Rechteck.
„Inn der langen durchab auf beeden seiten hat es 34 fenster."[2]
Sie schneiden mit Stichkappen in das Tonnengewölbe ein: „Vmb
so vil hat es hertzog Maximilian tieffer graben lassen, weder es
hertzog Wilhelm gebaut hatte, damit es desto höher vnd herrlicher aussehe, vnd hat doch auf beeden seiten auch einen erhöhten Marmelstainenen gang herumb.[3]

Ueber dem Antiquarium erhebt sich noch ein Stockwerk,
welches für die Bibliothek errichtet war. 1595 befand sie sich
dort, denn Adrianus Romanus sagt: „Bibliotheca . . . theatro
peramplo et amœno distincta; Infra vero theatrum hoc statuarium
est antiquissimorum monumentorum atq: imaginum, quæ Romæ
et aliunde magno ære congestæ sunt." Doch nicht lange blieb
der Bücherschatz der Herzöge dort, denn bereits 1611 beschreibt
ihn Hainhofer in einem Gebäude, in dessen unterem Stock „etliche
Zahlämpter" seien, und welches „Nicht weit von der newen Veste"
und zwar an einer Stelle sich befindet, dass er fortfahren kann:
„Neben der Bibliotheca ist die stallung". Die Bibliothek befand
sich nämlich damals in einem Gebäude des alten Hofes. Von
ihrem Innern sagt Hainhofer: „Dise stantia ist rund von holtz
gewölbt, als wie das Palatium Patavinum."[4]

---

[1] 1577 «Hannsen Thonawer Malern guetgethon, so Ime vnnser g. f. vnnd
herr etc. gegen seiner verrichten Arbait aus g. nachgelassen, doch das
er dagegen das gewelb in der Newen Vest gar aufmachen vnnd verferttigen solle. 608 fl. 42.6.› Ist darunter die bauliche Construction zu
verstehen? Auch die malerische Ausschmückung des Antiquariums wird
dem Hanns Tonauer zugeschrieben, aber erst unter Herzog Wilhelm V.
soll sie stattgefunden haben. Nagler. Monogr. III, 805 giebt an, dass
der Künstler 1585 u. 1588 bayerische Städte aufnahm. Diese Städteansichten finden wir an der Decke des Antiquariums.
[2] Hainhofer.
[3] Eine poetische Lobpreisung des Antiquariums und seiner Kunstschätze finden wir in dem langen Gedicht «Threnos super obitu Aberti
Princ. Bevariæ autore Philippo Menzelio Ingolstadii 1579. S. 10.»
[4] In höchstem Schwulst besingt Augustinus Maierius (!) die Bauten
Albrechts in einigen Versen seiner Libri tres de laudibus Alberti V. 1582
f. 22. Die plastischen Landschaften in der Kunstkammer haben ihm
vor allen Kunstwerken den grössten Eindruck gemacht!
Der dem Antiquarum entsprechende Bau auf der andern Seite des
jetzigen Brunnenhofes ist wohl nicht, wie Häutle angiebt, ohne einen

Vor dem Antiquarium auf dem jetzigen Brunnenhofe legte Herzog Albrecht einen „kleinen Garten" an. 1578 u. 1579 wird dieser mit ausdrücklicher Unterscheidung von dem „grossen Garten" östlich von der Residenz in den Hofzahlamtsrechnungen genannt. Adrianus Romanus nennt ihn „hortus quam variæ variarum elegantiarum deliciæ exornant." In der Mitte dieses Gartens wurde in den Jahren 1575 u. 76 der schöne monumentale Brunnen errichtet, welcher noch heute, durch spätere Zuthaten bereichert, dort steht.[1]

Der Bau der Herzogspitalkirche ist unter Albrecht wohl nur vollendet worden, da als runde Jahreszahl dafür 1550 angegeben wird. Der Baumeister ist Heinrich Schöttl. Die Kirche ist in späterer Zeit restaurirt worden, daher kann man keinen unmittelbaren Eindruck gewinnen.

Ausserhalb Münchens hat sich Herzog Albrecht mit der Ausschmückung schon vorhandener Bauten begnügt. Die jetzt im Nationalmuseum zu München befindlichen Decken aus dem Schlosse zu Dachau zeigen die schönen Formen der deutschen Renaissance. Auch die edle ornamentale Ausschmückung der Trausnitz ist wohl schon unter ihm begonnen worden.

Nicht alle seine Pläne zu Bauten hat Albrecht zur Aus-

Beweis beizubringen, unter Albrecht V errichtet worden, sondern erst unter seinem Nachfolger; denn Adrianus Romanus sagt 1595: «Inter ædificia nova, quibus urbs indies magis ac magis illustratur (zu beachten das Präsens!) præcipuum est templum D. Michaeli Archangelo dicatum.» Dann fährt er gleich darauf fort: «Aliud ædificium novum, ut novo castro maiorem splendorem commoditatemque adferat, iuxta interiorem hortum ... constructum.» Also «inter ædificia nova» zählt Adrianus Romanus 1595 das Haus an der nordöstlichen Seite des jetzigen Brunnenhofes auf, in einer Reihe mit der Michaelskirche, welche von Wilhelm V. damals soeben erbaut und vollendet worden war. Häutle gibt ausserdem den Grundriss dieses Gebäudes in seinem anfänglichen Zustande falsch. Er bildete ein langgestrecktes einfaches Rechteck, dessen Längsseite sich an dem Brunnenhofe hinzog. Der Flügel, welcher sich von der Mitte der nordöstlichen Front nach derselben Himmelsgegend abzweigt, wurde erst viel später erbaut. Der Meriansche Plan zeigt davon noch nichts, eben so wenig die Abbildung bei Pallavicino, wohl aber sehen wir diesen Flügel auf Abbildungen bei Wening. Er ist also, wenn wir dem sehr unsicheren Stecher bei Pallavicino trauen wollen, erst nach 1680, frühestens aber, wenn wir auf Merian zurückgehen, der hierin jedenfalls zuverlässig ist, nach 1644 entstanden.

[1] s. unter «Plastik» S. 36 ff.

führung bringen können. Den grössten von allen hat er seinem Sohn und Nachfolger Wilhelm hinterlassen, indem er ihm in seinem Testament den Auftrag gab, den Jesuiten in München ein Collegium und eine Kirche zu bauen. So ist also die Anregung zum Bau der herrlichen Michaelskirche auch auf Herzog Albrecht zurückzuführen.

Während der ersten Jahre von Albrechts Regierung war Heinrich Schöttl fürstlicher Baumeister. 1554 wird er in der Hofzahlamtsrechnung bereits „gewester paumeister" genannt. Aber erst 1560 scheint scheint Wilhelm Egckl zu seinem Nachfolger ernannt worden zu sein. Zu Reminiscere dieses Jahres erhält er noch Sold unter der Rubrik „Zeughaus" mit der Bemerkung „der Zeit noch Zeugwart." Seine Tüchtigkeit hat er wohl erst bei dem Bau des Saales der Neuveste bewiesen, und das hat ihm die feste Anstellung als Hofbaumeister eingetragen.[1]

---

[1] In einem Briefe der Räthe an den Herzog vom 20. Juli 1558 heisst es: «Nach dem yeziger Zeugmaister vnnd Zeugwart nit ains mitainander. Auch Zeugwart an yezt mit dem Paw Zuthun hat, mocht mit der Zeit vmb ain anndern tauglichen Zeugwart Zesehen sein.» Diese Stelle kann sich wohl nur auf Wilhelm Egckl und den Saalbau beziehen.

ZWEITES KAPITEL

Nachrichten über die übrigen Künste unter Herzog Albrecht V.

Plastik.

I.

Von der Münchener Plastik unter Herzog Albrecht können wir uns schwer eine Vorstellung machen, denn aus jener Zeit ist uns nichts erhalten ausser den Figuren auf dem Brunnen im Brunnenhof der Residenz, und von diesen wissen wir nicht, ob sie von Münchener Künstlern entworfen sind. Die kleinen Abbildungen des Kamins in der Langstube der Neuen Veste auf den Stichen von Nicolaus Solis [1] oder der Thürumrahmung desselben Saales in den Miniaturen des Hanns Müelich können uns auch nur geringen Aufschluss geben. Wir sind auf die Angaben der Hofzahlamtsrechnungen angewiesen, und daraus ersehen wir, dass die aufgeführten Meister sowohl zu Steinmetz- als auch zu Künstlerarbeiten verwendet wurden. Sehr wichtig war für die Künstler die überaus prächtige Feier der Vermählung des Thronfolgers Herzog Wilhelm mit der Prinzessin Renata von Lothringen im Jahre 1568. Namentlich auf dem Schrannenmarkt (dem heutigen Marienplatz) waren umfassende decorative Arbeiten ausgeführt worden. Ein Turnierraum mit hohen Eingangs-

---

[1] s. unter «Holzschnitt und Kupferstich» S. 53 ff.

pforten war dort geschaffen worden. Der Bildhauer H a n n s
W ö r n e r war dafür beschäftigt, der plastische Schmuck der Ein-
gangspforten sowie die Hermen in den Schranken sind wohl als
sein Werk anzusehen. Der Bildhauer J o r d a n B r e c h f e l d
arbeitete schon im Jahre vorher 8 Löwen, das sind wahrscheinlich
dieselben, von denen Trojano [1] bei der Hochzeit berichtet · „Um
die Tafel standen in einiger Entfernung zur Seite sechs vergoldete
Löwen, ungefähr in Mannesgrösse, welche mit den Pfoten grosse
Wachskerzen hielten". Zwei derselben sieht man auf einem Stich
von Nicolaus Solis. Derselbe Meister war auch bei der Herstellung
des Grabmals der Herzogin Anna, welches 1575 in der Frauenkirche errichtet wurde, [2] mit betheiligt. Viel Beschäftigung finden
die Bildhauer bei der plastischen Ausschmückung der ·Kunst-
kammer 1571—1576. Neben Jordan Brechfeld wird dabei H a n n s
E r n h o f e r genannt. Wenn die Art ihrer Arbeit überhaupt
angegeben wird, werden Brustbilder genannt, und diese in bedeutender Anzahl geliefert. Deren künstlerischer Werth wird wohl
über eine gewisse Decorationstüchtigkeit nicht hinausgegangen
sein. Von Brechfeld wurden auch Postamente für die Kunstkammer gearbeitet. Er ist im Jahre 1575 gestorben und scheint bis
in die letzten Tage gearbeitet zu haben, da an seine Wittwe
dreimal im Jahre 1575 und einmal noch 1576 Nachzahlungen
für Arbeiten von ihm geleistet werden. Hanns Wörner ist 1573
gestorben, Hanns Ernhofer hat den Herzog überlebt.

Mit Sold fest am Hof angestellt war H a n n s A e s s l i n g e r
und zwar seit 1552. [3] Er erhielt jährlich 80 fl. Wir haben ihn
bei dem Bau des Marstalls beschäftigt gesehen, auch über eine
statuarische Arbeit von ihm haben wir bestimmtere Nachrichten.
1560 hielt er sich zu Salzburg auf, um dort wahrscheinlich aus
Untersberger Marmor ein Herculesbild herzustellen, das nach
seiner Vollendung nach München geführt wurde. Der Herzog
scheint sich für ihn besonders interessirt zu haben, denn er
schickte den Sohn des Meisters, L i e n h a r t, 1560 auf die Universität nach Ingolstadt und unterstützte ihn dort lange Zeit,

---

[1] s. unter «Holzschnitt u. Kupferstich» S. 53 ff.
[2] s. unter «Malerei» S. 40.
[3] Reichsarchiv. Fürstens. II. Sp. Lit. C. Fasc. XXVIII Nr. 362.

zwei andere Söhne liess er von Sigmund Khrad, Präceptor in der Cantorei, erziehen. Ein gemaltes Brustbild des Meisters befand sich in der Kunstkammer.[1] Im Frühjahr 1567 ist er gestorben. Von Ausländern finden wir mit einer grösseren Summe nur den „Welschen Pildhawer Carl Zecherin" 1577 genannt. Er bekam „auf Arbeit vnd zu entlicher abferttigung 783 fl".

II.

Weitaus das bedeutendste plastische Kunstwerk, welches unter Herzog Albrecht geschaffen wurde, ist der heute noch erhaltene durch spätere Zuthaten bereicherte Brunnen im Brunnenhof der Residenz. Wolf Steger[2] und Hanns Reisinger beide von Augsburg führten den Guss der Bronzestatuen aus. Das geschah nach den Rechnungen in München und nahm 2 Jahre Zeit 1575 und 76 in Anspruch. Wer die Modelle für die Figuren geliefert hat, darüber findet sich keine Nachricht. Zwei treffliche Meister, von denen namentlich der Bildner der Hauptfigur ein ausgezeichneter Künstler war, müssen die fünf Erzbilder, welche aus jener Zeit stammen sich noch heute auf dem Brunnen befinden, geschaffen haben. Es sind dieses von dem einen die Statue des Otto von Wittelsbach, welche sich in der Mitte, schon damals wie heute, auf einem hohen Sockel erhob, und von dem anderen weniger tüchtigen Meister die Gottheiten der vier Bayerischen Flüsse, hingelagert auf den Brunnenrand.

---

[1] Fickler's Inventar Nr. 3200.
[2] Die Hofzahlamtsrechnungen enthalten darüber folgende Notizen: 1575 « Der Nachbarschaft In der graggnaw wegen ainer Pronn anlag bezalt 2 fl. 55 kr. Wolffen Stöger giessern Zw AugsPurg Per Macherlon an dem Neuen Pronnwerch Im gartten vnnd dan für etlich SPrizen aufzuPuzen bezalt 47 fl. 36 kr. Hannsen Reisinge Güessern Zw AugsPurg Per 10 gross Tegl Zum giessen vnnd ainen failhawer bezalt 6 fl. 39 kr.» ; 1576 «Hannsen Reisinger Giessern Zu AugsPurg Per vncosten als der zum Pronnwerk Im Newen Garten alheer gefordert worden 16 fl. 30 kr. Mer Ime Reisinger Per ein gleichmessige Zetl 18 fl. Hannsen Reisinger Giessern von AugsPurg so Zu dem Newen Pronnwerck alher erfordert worden Per vnkosten 13 fl. 30 kr.» Wolf Steger war früher in München als Beamter des Zeughauses mit einem Jahrgehalt von 24 fl. Noch 1568 wird er daselbst genannt. Reichsarch. a. a. O. Fasc. XXIX Nr. 363.

Der Stellung des Herzogs ist für eine Figur, hoch auf einem Postamente, ein ausserordentlich glücklicher Gedanke zu Grunde gelegt. Der Fürst ist als Feldherr aufgefasst, wie er von der Anhöhe in die Ebene hinabspäht, um die dort vor sich gehende Schlacht zu leiten. Er steht über lebensgross fest auf dem rechten Fusse, der linke ist vorgesetzt und ruht leicht auf dem Boden. Mit der Rechten stützt er den Commandostab wie in Gedanken gegen die Hüfte. Die nach vorne ausgestreckte Linke ruht auf dem vorgeneigten Griff des Schwertes, dessen Spitze sich neben dem linken Fuss in den Boden stemmt. Das bärtige, noch jugendliche Haupt ist nach links vorgebeugt, dem aufmerksam hinabschauenden Blicke folgend. Ein starker Eisenpanzer mit weitem Hüfttheil bekleidet den Oberkörper, darunter das Panzerhemd. Beine und Arme sind mit Schienen bedeckt, die Füsse und Hände ebenfalls mit Eisen bewehrt. Von den Schultern fällt ein langer Mantel herab. Das Haupt schützt ein starker Helm mit aufgeschlagenem Visir. Indem wir sehen, wie der Fürst so machtvoll und ernst da steht, was durch das Aufstützen des Commandostabes noch gehoben wird, wie der Mantel von dem nach aussen gestemmten Arme in schweren Falten herniederfällt, und der vorgestreckte linke Arm mit dem sich neigenden Schwert der Richtung des Blickes aus dem spähend vorwärts gebogenen Haupte unwillkürlich folgt, wie alle Theile sich zu kraftvoller Harmonie verbinden, müssen wir gestehen, dass die Figur nur das Werk eines Meisters ersten Ranges sein kann. Der Panzer, der Helm, die Scheide und der Griff des Schwertes, der Saum des Mantels sind mit einfachen, aber kräftigen Ornamenten in erhabener Arbeit verziert.

Die vier Flüsse sind dargestellt in Lebensgrösse als vier auf einen Arm hingelagerte nackte Männergestalten, von denen nur eine das Greisenalter noch nicht erreicht hat. Zwei halten wasserspeiende Urnen zwischen den Beinen, die beiden andern sind auf Urnen gelagert, und das Wasser strömt aus einem mit der Hand erhobenen Fisch. Wenngleich die Durchbildung der Körper von sorgfältigem Naturstudium zeugt und Feinheiten aufweist, so stören doch die zu sehr zusammengezogenen Stellungen und die zu grossen Hände, Füsse und Köpfe. In den ganzen Figuren aber liegt eine gewisse Mächtigkeit und Kraft. Die Glieder sind fest und schnig, der Gesichtsausdruck ernst und männlich.

Wie bei seinen Bauten hat der Herzog auch auf dem Ge-
biete der Plastik seine grösste Unternehmung dem Nachfolger
überlassen müssen. Schon Albrecht hatte das herrliche Bronze-
denkmal über der Grabplatte seines kaiserlichen Vorfahren in der
Frauenkirche geplant.

III.

Die Zunft der Harnischmacher oder Plattner war
zuerst durch Kaiser Maximilian I. zu erhöhten künstlerischen
Leistungen angespornt worden. Er liebte es seine Prachtrüstungen
mit getriebenen Ornamenten und figürlichen Darstellungen schmük-
ken zu lassen. Sehr bald verbreitete sich dieser neue Luxus
über alle Länder. Früher schrieb man die Anfertigung dieser
Rüstungen, von denen namentlich eine grosse Zahl für die Könige
von Frankreich Franz I. und Heinrich II. gefertigt wurden, französischen oder italienischen Künstlern zu, bis Dr. von Hefner-
Alteneck im Jahre 1862 durch den glücklichen Fund einer grösseren
Anzahl von Originalzeichnungen deutscher Meister zu diesen
Rüstungen im Münchener Kupferstich- und Handzeichnungenkabinet
zuerst darauf aufmerksam machte, dass die Hauptwerkstätte dafür
in Deutschland und zwar in den bayerischen Städten, vor allen
Nürnberg, Augsburg, Landshut, München, zu suchen sei. [1] Seitdem
haben Nachforschungen in spanischen Archiven ergeben, dass
Prinz Philipp von Spanien, der nachmalige König Philipp II. in
den Jahren 1549—51 umfassende Ankäufe von Prachtrüstungen
und Waffen in den genannten Städten machte, wodurch bestätigt
ist, dass die dortigen Plattner eines ganz besonderen Rufes ge-
nossen. Wie viel von der Ausübung dieser Kunst auf München
entfällt, lässt sich schwer sagen. Sicher ist, dass Herzog Albrecht V.
auf die gute Ausstattung seiner Harnischkammer grosses Gewicht
legte. Er liebte es sich auf den Ehrpfennigen in prächtiger Rüstung
mit getriebenen Ornamenten darstellen zu lassen. Aber er scheint

---

[1] Originalzeichnungen deutscher Meister des 16. Jahrhunderts zu
ausgeführten Kunstwerken für Könige von Frankreich und Spanien
und andere Fürsten. Publication und Text von Dr. J. H. v. Hefner-
Alteneck. Frkf. a. M. 1889.

doch in München nicht genügende Arbeitskräfte gefunden zu
haben, denn im Jahre 1569 kaufte er von „Herrn Raimund Fugger
Allerlay Ristung vnnd Aller gehör einer Ristcamer" für 3000 fl.,
wobei Manng Seytter, der Stallmeister des Grafen von Schwarz-
burg, den Vermittler spielte.[1] Der Harnischmeister des Herzogs
hiess Joseph Khleberger; er bekleidete diese Stellung schon
während der letzten Regierungszeit Herzog Wilhelms IV. Der
Plattner, der in München für ihn arbeitete, war Martin Hofer. In
den Rechnungen Don Philipps wird von München nur der Büchsen-
und Panzerhemdmacher Peter Pech erwähnt. Von dem Antheil
Müelichs an dieser Kunstthätigkeit wird später die Rede sein.

Malerei.

I.

Diejenige der bildenden Künste, für welche der Herzog neben
der Goldschmiedekunst das meiste Interesse hatte, war die Malerei,
ein Maler ist es, Hanns Müelich, welcher diese Epoche am bedeutendsten vertritt.

Die monumentalen Aufgaben, welche der Herzog den Malern
stellte, waren nur gering. Als die grösste kann wohl die Ausmalung des grossen Saales in der Neuveste bezeichnet werden. Es fehlt aber gänzlich an Nachrichten, wem diese
übertragen war. Das Gebäude ist zerstört und die dürftigen Notizen und die kleinen Reproductionen der Gemälde geben uns
keine Vorstellung davon

In Betreff der Deckengemälde im Lusthaus des Herzogs hat
sich die Ueberlieferung erhalten, dass Hanns Bocksberger
von Salzburg sie ausführte. Nagler erwähnt in seinem Künstlerlexicon, dass dieser Meister 1560 in München weilte, und in demselben Jahre berichtet die Hofzahlamtsrechnung, dass ihm ein
Kännlein im Werth von 25 fl. 6 ß. 4 d. verehrt worden sei.
1560 dürfte daher die Zeit für die Erbauung und Ausschmückung
des Lusthauses sein, worüber sonst alle Belege fehlen.

---

[1] Die Ueberführung der Rüstkammer nach München kostete 82 fl.
3 ß. 29 d.

Für die Kunstkammer finden wir schon 1574 den Maler Sigmund Hebenstreit beschäftigt, dann arbeitet ein Maler dafür erst wieder 1577/78 und zwar Hanns Tonauer. Aus den verrechneten kleinen Summen ergiebt sich, dass der malerische Schmuck nicht bedeutend war. Ein grösseres Werk, bei welchem sich Malerei und Plastik vereinigten, wurde 1575 vollendet. Es war das Grabdenkmal der Herzogin Anna in der Frauenkirche. Die Hofzahlamtsrechnungen geben darüber die ausführlichsten Notizen, aber jede weitere Runde ist verloren gegangen. Keine Topographie erwähnt seiner. Nach den bezahlten Summen hat die Malerei den Hauptantheil an dem Werke, und der Meister war Hanns Schöpfer, jedenfalls der jüngere dieses Namens. Die „Wisreiterin vnnd Margetha Müllerin beede wittibin" werden als Empfängerinnen von Geld dabei genannt, ein Hanns Wisreuter Kistler ist der Verfertiger der Holzschnitzarbeit an dem Ingolstädter Altar Müelichs, also wird sich die verrechnete Summe von 160 fl. auf Kistlerarbeit beziehen und auch der Mann der Müllerin ein Kistler gewesen sein. Als Bildhauer an dem Werk wird Jordan, jedenfalls Jordan Brechfeld, genannt.[1] Das Grabmal wird ein Altar gewesen sein, in der Mitte ein grosses Gemälde auf einem steinernen Altartisch, eingerahmt von reicher Holzschnitzarbeit. In welchem der alten Altäre, die bei der Restauration der Kirche meistens entfernt oder zerstört worden sind, sollen wir das Schöpfer'sche Gemälde vermuthen? Da Hanns Schöpfer hauptsächlich Portraitmaler war, werden die Bildnisse entweder der Herzogin allein oder der ganzen herzoglichen Familie darauf eine Hauptstelle eingenommen haben.

Wie die Plastik war auch die Malerei bei der Hochzeit Herzog Wilhelms hervorragend beschäftigt. Massimo

---

[1] Die Notizen der Hofzahlamtsrechnung von 1575 lauten: «Ady 13 Jenner bezalt dem Jordan Pildthauer vmb Arbait Zue meiner genedigsten Fürstin vnnd Frauen Epedaphium bei vnnser lieben frauen 50 fl. Dem Hannsen Schöpffer Maler bezalt wegen meiner genedigsten Fürstin vnd Frauen epitaphium bey vnser lieben Frauen 650 fl. Der wisreiterin vnnd Margetha Müllerin beede wittibin ist wegen der epetaphium vermög der Signatur bezalt worden 160 fl. Der Jordanin Pildhauerin Per Arbait so ihr man seliger in vnser lieben frauen Kuchen gemacht hat, bezalt 4 fl.»

Trojano beschreibt die beiden Thore der Turnierbahn auf dem
Schrannenmarkt (im Osten und Westen), welche zu der Hochzeit-
feier Herzog Wilhelms 1568 als vorübergehende Decoration errichtet waren.

„Die Bahn hatte zwei Eingänge. An deren einem" — dem
östlichen — „ein prächtiger antiker Triumphbogen in der Mitte
von zwei wie Feuerflammen sich emporhebenden Pyramiden sich
befand. Zu oberst in der Mitte stand das Bild der Siegesgöttin.
mit einem Kranze in der Hand; zu ihren Füssen lagen eine
Menge Trophäen, unter denen die Wappen von Oesterreich,
Bayern und Lothringen. Ausserdem waren verschiedene Gemälde
angebracht; als Penthesilea, die Königin der Amazonen, wie sie
aus unaussprechlicher Liebe zu Hector gegen die dichten Schaaren
der Griechen tapfer streitet. und mit ihrer Lanze viele zu Boden
wirft; ferner die Amazonenkönigin Orithya, welche im Vertrauen
auf ihre grosse Stärke selbst den Hercules zum Kampfe heraus-
zufordern wagte, welcher sie mit neun Schiffen aufsuchte. Auf
der anderen Seite (das Bild der Penthesilea war nämlich in der
Mitte) war Antiope, ihre Schwester. Diese an der Triumphpforte
angebrachten Gemälde waren ausserhalb der Bahn zu sehen.
Innerhalb sah man links unter dem Bilde der Siegesgöttin Johanna
von Orleans, wie sie an der Spitze des Heeres Karls VII. die
Engländer und rechts Artemisia, die Königin von Karien, wie sie
durch List die Rhodier besiegt. An dem andern Ende der Bahn"
— dem westlichen — „dieser Triumphpforte gegenüber, war eine
zweite mit dem Bildnisse der Fortuna mit den Wappen von
Oesterreich, Bayern und Lothringen. Unter diesem Bilde waren
viele Statuen, zwischen diesen verschiedene Trophäen, alle in
Relief; und an den Wänden der Pforte Gemälde. welche die
Thaten des Aeneas und Turnus, des Königs der Rutuler, vorstellten."

Die beschriebenen Bilder sind laut Hofzahlamtsrechnung von
M ü e l i c h und S c h w a r z gemalt worden. während die gröbere
Arbeit des Anstreichens und der ornamentalen Ausschmückung
der Schranken und Thore wohl von H a n n s O s t e n d o r f e r[1]
besorgt wurde.

---

[1] Hanns Ostendorfer erhielt 233 fl.. Hanns Müelich 128 fl. und
Christoph Schwarz 135 fl. — Hanns Ostendorfer war zur Zeit Herzog

Wenn wir zu den decorativen Gemälden an den Thoren auf dem Schrannenmarkt schon so bedeutende Künstler wie Hanns Müelich und Christoph Schwarz herangezogen sehen, werden wir von den Leistungen der andern Münchener Künstler nicht allzuviel erwarten. Die Bemerkungen der Hofzahlamtsrechnungen geben auch keine Veranlassung dazu. Es sind meistens Arbeiten, die zwischen Kunst und Handwerk in der Mitte stehen. Hanns Bocksberger freilich, Hanns Tonauer und die beiden Hanns Schöpfer sind durchaus als Künstler im höheren Sinn zu bezeichnen.

II.

Im Folgenden gebe ich einige Nachrichten über die hervorragendsten unter den Malern, die für den Hof beschäftigt wurden. Hanns Bocksberger, Maler von Salzburg. Es gab zwei Künstler dieses Namens. Nagler lässt den Jüngeren um 1540 geboren werden. Es ist nicht festzustellen, ob sich die wenigen Notizen der Hofzahlamtsrechnungen auf den älteren oder jüngeren Meister oder theils auf den einen, theils auf den andern beziehen. Das erste der Nagler (Monogr.) bekannten Holzschnittwerke, zu dem der jüngere Hanns Bocksberger die Zeichnungen lieferte,

---

Albrechts Hofmaler. Dass er mehr zu den Handwerkern als zu den Künstlern zu rechnen ist, habe ich in meiner Dissertation S. 20 f. nachgewiesen. Zu seiner Zeit waren die Hofmaler noch Handwerker und werden auch stets unter diesen aufgezählt. Erst später wurde der Titel zu einer Ehrengabe für Künstler erhoben. Freilich wird er nicht ein Anstreicher gewöhnlicher Art gewesen sein, sondern etwa auf der Höhe eines Decorationsmalers gestanden haben. Dieser H. O. ist der jüngere des Namens und zu scheiden von dem älteren, der unter Wilhelm IV. Hofmaler war, er starb nach Nagler 1587.
Von einem Maler (?), der stets unter der Bezeichnung Martin Maler genannt wird, hören wir niemals, dass er mit irgend einer Arbeit beschäftigt wurde, er wird ausser als «Jungkhfrawknecht» nur als Erzieher eines Knaben erwähnt, welchen der Herzog bei ihm in Kost hielt. «Der Bub, so bei Martin Maler in die Schul aus und ein geht» heisst es mehrere Male. In einem Verzeichniss aller Personen, welche zur Hofhaltung Wilhelm's IV. gehörten, verfasst nach seinem Tode 1550 (Reichsarch. a. a. O. Fasc. XXVIII Nr. 302) wird er als Jungfrauknecht aufgeführt mit einer jährlichen Besoldung von 10 fl. und einem zweifachen Rock, dabei wird hinzugefügt: «dienet bei 20 Jarn». 1562 verzeichnet ihn die Hofzahlamtsrechnung als «selig». Von Martin Malers Knaben sprechen die Rechnungen noch bis 1566.

datirt von 1564. Die auf den vorliegenden Künstlernamen lau-
tenden Deckengemälde im Lusthause Albrechts sind, wie oben
ausgeführt, [1] wahrscheinlich 1560 gefertigt worden.

Hanns Schöpfer. Zwei Künstler Namens Hanns Schöpfer,
Vater und Sohn, waren für den herzoglichen Hof thätig, und beide
vorzüglich als Portraitmaler. Der ältere kommt nach Nagler in
den Münchener Zunftzetteln von 1531, 1537, 1546, 1564 vor. Im
Jahre 1538 war er Zunftführer. Der jüngere (gest. 1610) legte
1568 sein Meisterstück ab. In demselben Jahre verzeichnet die
Hofzahlamtsrechnung für Hanns Schöpfer „ain ehr claid" als
Geschenk des Herzogs, und während bis 1568 unter dem Namen
Hanns Schöpfer fast nur „Conterfets" aufgeführt werden, erscheint
von da ab bis 1571 immer nur die Bemerkung „vmb Arbait".
Dürfte man nicht annehmen, dass der alte Schöpfer 1567 gestorben
ist, und dass man seinen Sohn vom Hof aus noch nicht sogleich
mit Anfertigung von Bildnissen beauftragt habe, um sein Talent
erst reifer werden zu lassen? Von 1572 an erscheinen dann unter
dem Namen Schöpfer die „Conterfaitirungen" wieder regelmässig.
1565 werden auf Schöpfer Malers Tochter Hochzeit 12 fl. verehrt.
das ist die Tochter des alten Schöpfer. Und 1569 heisst es doch
wohl in Bezug auf den jüngeren Schöpfer : „Dem Schöpfer Maler
auf sein Hochzeit Verehrung 12 fl." Dass die beiden Schöpfer
neben einander thätig gewesen sind, scheint daher nicht leicht
annehmbar, weil sie sonst doch wenigstens hin und wieder als
alter und junger unterschieden genannt würden, wie das bei den
Goldschmieden Georg Tilger dem älteren und jüngeren der Fall
ist. Es ist auch in den Bildern vor 1568 und denjenigen nach
diesem Jahre ein Unterschied der Malweise zu erkennen, die Behandlung des Haares ist in beiden Fällen manirirt aber verschieden.
Die Rechnungen geben unter dem Namen Hanns Schöpfer Aus-
weis über eine sehr grosse Zahl von Portraits. Seit 1558, wo er
zuerst erscheint, kommt der Name jährlich meist mehrmals vor.
Die Bildnisse sind wohl in den meisten Fällen von Mitgliedern
der herzoglichen Familie selbst, sie werden als Brustbild oder
„in ganntzer lenng" dargestellt, der Herzog, die Herzogin und die

---

[1] S. 39.

„fürstlichen Khinder Herrn vnnd Freulen", diese Bilder waren wohl
zu Geschenken bestimmt. Einmal kommt auch das „Conterfet
einer verdechtigen Person" vor.

Hanns Tonauer. Nagler weiss über ihn nur wenig zu
sagen. Dennoch scheint er ein nicht unbedeutender Meister gewesen
zu sein, wie die Malereien im Antiquarium bezeugen. Er erfreute
sich des fürstlichen Wohlwollens. Herzog Ferdinand ist 1577
Taufpathe bei einem Kind von ihm, ja Tonauer wurde in demselben Jahre sogar mit einem Leibgeding von 40 fl. zunächst auf
Wiederruf ausgestattet und 1579 fest angestellt. Da er 1573 Maler
von Landshut genannt wird, hat er sich dort wohl längere Zeit
aufgehalten, was auch dadurch Bestätigung erhält, dass er bis
1577 gar nicht erwähnt wird. Er scheint auch architectonische
Kenntnisse gehabt zu haben, wenn ich die Notiz von 1577 „das
er das gewelb gar aufmachen vnnd verfertigen solle"[1] richtig
gedeutet habe. Gestützt wird diese Auslegung noch dadurch, dass
er bei der Hochzeit der Herzogin Maria 1571 mit 299 fl. bezahlt
wird für das, so er von wegen der Invention ausgeben thut. Das
bezieht sich wohl auf die Invention und Ausführung einer grösseren
architectonischen Decoration. Nach Nagler (Monogr. III. 803) ist
er 1596 gestorben.

Sigmund Hebenstreit. Die Hofzahlamtsrechnungen
geben für die Beschäftigung dieses Malers beträchtlich frühere
Daten an als das von Nagler genannte Jahr 1580. Ob das Zeichen
S H 1560 auf einer Zeichnung mit einem Wappen, von welcher
Nagler's Monogr. IV, 4128 berichten, ihm zugeschrieben werden
darf, erscheint sehr zweifelhaft. In den Rechnungen erscheint
sein Name von 1573 an, noch die letzte zu des Herzogs Lebzeiten nennt ihn. Die Arbeiten, mit denen er vom Hof beauftragt
wurde, scheinen sämmtlich handwerklicher Natur gewesen zu sein,
er arbeitet für die Kunstkammer und vergoldet und renovirt das
Häusl über dem hochwürdigen Sacrament bei den Augustinern.

Melchior Bocksberger. Nagler (Monogr. IV, 1644)
berichtet von grösseren Malereien Melchior Bocksbergers. Aus den
Rechnungen ergiebt sich, dass er sich im Frühling 1558 verhei-

---

[1] s. S. 31.

rathet hat. 1560 malte er mit Hanns Müelich zusammen Himmel
über Betten, wie es scheint, jeder drei. 1564 war er beim
Schlossbau in Dachau beschäftigt. Fickler's Inventar der Kunstkammer führt unter Nr. 3365 auf: „Ein viereckheter Disch mit
einem vierfachen Instrument, die man auf all 4 seitten schlagen
khan, die ganze Disch über und über gemahlt. Die Gleichnuss
des verlornen Sohns, mit allerlay possenwerkh, von Melchior
Pockhsperger gemahlt."
    Thoman Zechetmair. Nach Naglers Künstlerlexicon legte
Thoman Zechetmair als Schüler des Hanns Müelich 1572 sein
Probestück vor. Es wurde von den Vierern für vollkommen
befunden. Er starb 1613. Nach den Rechnungen wurde er bis
1579 nur zweimal und mit kleinen Arbeiten beschäftigt.
    Martin Maulberger. Von Nagler nicht erwähnt. Die
Rechnungen erwähnen ihn ausser bei Arbeiten mit geringen
Summen zweimal mit der Aetzung von Hellebarden beauftragt.
    Christoph Schwarz, der nach Müelichs Tode eine so
bedeutende Rolle in München spielte, stand unter der Regierung
Herzog Albrechts noch in den Anfängen seiner Laufbahn. Für
den Hof wurde er nach den Rechnungen nur dreimal beschäftigt.
1568 arbeitete er zur Hochzeit Herzog Wilhelms mit Müelich
zusammen, 1574 hatte er einen kleinen Auftrag für die Herzogin,
1575 malte er für Herzog Ferdinand einige Conterfet, die zusammen mit nur 35 fl. bezahlt wurden.
    Ausser den genannten kommen in den Rechnungen noch
folgende Malernamen mit folgenden Jahreszahlen vor: Georg
Hamer 1572; Melcher Hamer 1563; Jörg Hamerperg
1571; Karl, Maler 1551; Orlanndo Möringer Conterfeer
1562; Niclas Maler von Freiberg aus Ichtlanndt 1571;
Ludwig Schlein 1563; Abraham von d. Thann, Maler
von Freiburg 1568. Auch fremde Maler werden ohne Bezeichnung des Namens mehrfach genannt. Augsburger, welsche,
niederländische.

III.

    Ausser den Malern gab es Illuministen. Der Einzige,
welcher im Anfang der siebziger Jahre in München lebte, war
Georg Weickmann. Das erfahren wir aus einer Urkunde

Herzog Albrechts vom 24. Sept. 1573.[1] Am 5. Nov. 1571 hatte
ihm die Malerzunft nach grossem Widerstreben die Ausübung
der „freien Kunst des Illuminirens und Ausstreichens" gestattet,
aber er hatte einen Revers ausstellen müssen, dass er nichts als
in Kupfer gestochene oder in Holz geschnittene Figuren und
Historien illuminiren und mit Saftfarben und sonst mit keiner anderen Farbe ausstreichen werde.[2] Sein Gewerbe blühte nicht
besonders. Er hatte seine meiste Arbeit und Nahrung vom Herzog
und dem Hofgesind, aber das war nicht viel, und er blieb ein
armer Gesell.[3] 1571 illuminirte er zwei bayerische Mappae (Land-
karten).[4] 1576 illuminirte er 300 Wappen aus der Apian'schen
Sammlung. 1579 wurde er für ein Conterfet bezahlt, wohl auch
nur Illumination eines Holzschnittes oder Kupferstichs.[5]

Einer ähnlichen Beschränkung wie die Illuministen unterlagen
die A e t z m a l e r. Nagler giebt an, dass H a n n s W e y e r 1567
sich auf Andringen der Malerzunft verpflichten musste nur zu
ätzen und nicht zu malen. Seine Vermuthung aber, dass der
Meister aus Aerger darüber von München weggegangen sei, ist
nicht richtig, da er 1578 „per geätzte und vergoldete Nägel zu einer
Sänfte" 28 fl. erhielt.

Eine gewisse Rolle spielte die G l a s m a l e r e i, und ihre
hauptsächlichsten Vertreter in München, die beiden H a n n s H e -
b e n s t r e i t, wurden vom Hof aus vielfach beschäftigt. 1554
kommt der Name zuerst vor, 1558 ebenfalls, dann tritt bis 1566
eine lange Pause ein, während derselben ist der alte Hebenstreit
vielleicht gestorben und der junge herangereift, 1567 heisst es
ausdrücklich „dem jungen Hebenstreit Glasmaler". 1567 schmelzt
er für das Dachauer Gebäu 10 Gläser, 1575 zwei Wappen in der
Ridler Regl-Haus, 1577 lieferte er etliche grosse Gläser für die

---

[1] Vaterlandsfreund von Otto Titan von Hefner 1864. Nr. 1, S. 3.
[2] Ebda.
[3] Urkunde vom 24. Sept. 1573.
[4] Lipowsky lässt ihn schon 1557 eine Landkarte illuminiren, was
schon deshalb unmöglich ist, weil damals die Mappa noch gar nicht
vollendet war.
[5] Die Hofzahlamtsrechnungen notiren für die Mappae von 1571
20 fl. 1574 bekam er aus Gnaden 12 fl. 1576 für die 300 Wappen
3 fl. 20 kr. 1578 erhielt er für Arbeit 2 fl. und 8 fl. 1579 für das
Conterfet 1 fl. 30 kr. ferner arbeitete er in demselben Jahr für 25 fl.

Kunstkammer, dann greift er einmal in das Malerhandwerk hin-
über, indem er zwei Schlitten für 20 fl. malt. [1] In demselben
Jahr erscheint ein Kostknabe Johannes Zirgl bei ihm, der auch
1578 als in Lehre und Erziehung genannt wird. — In eine
Kapelle zu Scheyrn stifteten der Herzog und die Herzogin
1558 „ein grosses geschmelztes Glas, darin des Fürsten und der
Fürstin Bildnussen sammt den Insignien gemacht waren". Wolfgang
Prüelmaier Hofglaser erhielt dafür 45 fl.

Holzschnitt und Kupferstich.

1.

Joannes Aventinus (eigentlich Johannes Turmair von Abens-
berg) war von den Herzogen Wilhelm und Ludwig beauftragt
worden ein Werk über die Bayerische Geschichte zu
verfassen. Es sollte jedoch nicht veröffentlicht werden, sondern
als Manuscript im Privatbesitz der Herzöge verbleiben. 1517
begann Aventin sein Werk und beendigte es im Jahre 1521.
Die Herzöge gestatteten ihm im folgenden Jahre 1522 einen
kurzen Auszug in deutscher Sprache herauszugeben. 1526—1533
fertigte er wieder in fürstlichem Auftrage eine Uebersetzung an.
Dann ruhte das Werk bis sich Herzog Albrecht V. seiner annahm.
Er betraute den Ingolstädter Professor der Poesie Hieronymus
Ziegler aus Rothenburg mit der Herausgabe. Alle Stellen,
welche die Geistlichkeit angriffen, deren Sünden der Geschichts-
schreiber erbarmungslos gegeisselt hatte, wurden gestrichen. Die
lateinische Ausgabe von 1554 (die deutsche erschien erst 1566)
ist im Text mit einigen Initialen, welche figürliche Darstellungen
enthalten geschmückt. Ferner zeigt sie einen grossen Holzschnitt,
ein Portrait des Aventin (h. 18,3 cm. br. 16,3 cm. von

---

[1] 1558 unter dem Namen Hanns Hebensteit 23 fl., 1566 20 fl.,
1567 40 fl. und 12 fl., 1569 80 fl. und 12 fl., 1572 8 fl. 1574 8 fl. 1575
»vm zwei Wappen in der Ridler Regl-Haus gehört, das ein meinem
g. f. vnnd herrn, das ander meiner g. Fräulein und frauen, so von
Glas gemacht sein. 8 fl.« 1576 zwei geschmelzte Gläser für den Goldschmied Melper, 3 fl. 24 kr., für andere Arbeit 25 fl. 1577 etliche
grosse Gläser für die Kunstkammer um 90 fl.

Hans Sebald Lautensack).[1] Innerhalb der fast quadratischen
Umrahmung sieht man die Halbfigur des Gelehrten in falten-
reichem Kleide mit weiten Aermeln an einem Tisch sitzen.
Auf demselben ein Tintenfass und ein aufgeschlagenes Buch, in welches
zu schreiben er im Begriff ist. Die klugen Augen blicken wie
nachdenkend aus dem Bilde heraus. Den Kopf mit dem langen
schlichten Haar bedeckt eine Mütze, das ernste Antlitz mit den
scharfen durchgeistigten Zügen umrahmt ein mässig langer Vollbart.
Der Schnurrbart ist ausrasirt. Unten rechts das Monogramm HSL.
Der Holzschnitt oder die Zeichnung dazu ist wohl noch zu Lebzeiten der Gelehrten angefertigt worden, so dass wir hier ein ge-
treues Portrait vor uns haben. Noch die lateinischen und deutschen
Ausgaben, welche Nicolaus Cisner 1580 nach den Originalhand-
schriften ohne Kürzung veranstaltete, bringen verkleinerte und
schlechte Nachschnitte des Portraits.

Wie der Herzog durch die Veröffentlichung der Cronica
Aventini die vaterländische Geschichte einem grösseren Leser-
kreise zugänglich gemacht hatte, so sorgte er auch für die Ver-
breitung eines kirchlichen Werkes, indem er von seinem Caplan
„Johan. à Via der heiligen Schrifft Doctor" im Jahre 1574 eine
Uebersetzung der Heiligenleben von Laurentius
Surius anfertigen liess. Im August dieses Jahres erschien der
erste Theil in 500 Exemplaren, wofür der Drucker Adam Berg
1557 fl. 1 ß erhielt. Bis zum Jahre 1580 zog sich die Uebersetzung
des ausserordentlich umfangreichen Werkes hin. Immer zwei
Monate umfassen einen Theil in zwei Bänden, und für jeden Theil
erhielt der Uebersetzer 100 fl. Zu Anfang jedes Bandes kehrt
derselbe Titelholzschnitt wieder, eine ganze Seite in grossem
Quartformat einnehmend (h. 28 cm, br. 19,5 cm.). Der Herzog
Albrecht kniet in einer Säulenhalle. Vorn halten zwei Löwen
das bayerische Wappen. Im Hintergrunde sieht man auf eine von
Festungsmauern umgebene Gruppe von Häusern, welche München
darstellen soll. Mit hohem Dach und den beiden Kuppelthürmen
ragt die Frauenkirche empor. Der Himmel öffnet sich und in den
Wolken erscheint die Vision, welche die Apokalypse Kap. 4

---

[1] Nagler: Künstlerlexicon VII, S. 346.

beschreibt. Gott Vater auf dem Thron umgeben von Strahlen, das Buch mit den sieben Siegeln in der Hand, bei ihm das Lamm im Begriff das Buch zu öffnen. Zur Seite die 4 Evangelistensymbole, um Gottes Haupt die 7 Feuerflammen. In weitem Kreise die Harfe spielenden Könige. Zwei grosse bekleidete Engel sprechen zu dem Herzog hinab. Der eine weist nach oben und hält das Spruchband: „Veni et vide Apoc. 6". Der andere rückt für den Herzog einen Stuhl in der Reihe der Könige zurecht und sagt: „Qui vicerit possidebit haec. Apoc. 21". Unterschrift: „Dem Durchleuchtigisten, Hochgebornen Catholischen Fürsten vnn Herrn H. Albrechten Pfaltzgrauen bey Rhein, Hertzogen in Obern vnnd Nidern Bayrn, zu ehren: der diss Werck Gott vnd seinen Heiligen zu lob, Teutscher Nation zu wolmainung verteutschen lassen. An. (die Zahl des Jahres in welchem der betreffende Band erschienen ist. 1574—1580.) Kein Monogramm giebt Auskunft über den geschickten Künstler, welcher die Zeichnung zu dem Holzschnitt gemacht hat. Die Hofzahlamtsrechnung sagt nur unter dem 16. Juli 1574 „dem Doctor a Via so er ainem Maler von vnnses g. f. vnnd h. Pildnus Zum Surio geben 2 ¹/₂ fl. dem Formschneider 9 fl."

Die Landkarte von Bayern, welche der Herzog durch den Ingolstädter Gelehrten Philipp Apian aufnehmen liess, verdankte ihren Ursprung einem patriotischen Zweck. Während mehrerer Sommer reiste Apian im Lande umher und fertigte zunächst eine Originalkarte im grössten Format (484 Quadratschuh) für den Herzog an. Die ersten Verrechnungen darüber sind mit den betreffenden Hofzahlamtsrechnungen verloren gegangen. Für ihn und den Knecht, welcher ihm „In das Vmbreutten zuegeben worden", werden 1558 in Summa 241 fl. ausgegeben. Schon 1560 werden dann die Kosten für die „Description der Bairischen Mappen" verrechnet mit 100 fl. und 1561 noch weitere 400 fl. darauf bezahlt. Die Beschreibung, welche von dem Münchener historischen Verein zum Wittelsbacher Jubiläum 1880 im Oberbayrischen Archiv wieder veröffentlicht wurde, ist ein ziemlich umfangreiches Werk in lateinischer Sprache. 1563 weilte Apian in Angelegenheiten der Bayrischen Mappa 25 Wochen in München und in demselben Jahr erhielt „Bärtlme Refinger Maller vmb Arbait der f^n Mappa, So Er mit farben ausgestrichen" 300 fl. Noch

aber musste der Herzog die Karte, um sie einem grösseren
Publikum zugänglich zu machen, publiciren lassen und auf die
Herstellung der ersten Ausgabe in Holzschnitt beziehen sich wohl
die 2500 fl., welche Philipp Apian am 5. April 1564 „Zu völliger
Entrichtung der gemachten Bayrischen MaPPa" erhält. Darauf
bezieht sich wohl auch die Notiz der Hofzahlamtsrechnung von
1570: „Dem Philippo APiano ist in Zwaj malen Als A° 67 vnd
68 auf Ain werkh, welliches er von vnnserm g. f. vnd herrn etc.
zuuerrichten in beuelch behebt bezalt worden 214 fl. 2 β." Nach
Nagler erschien die erste Holzschnittausgabe 1566. Becker sagt
sie wäre s. l. e. a. und folgert aus der Jahreszahl 1567, welche
die zweite Ausgabe von 1568 auf dem letzten Blatt rechts unten
in der Ecke über dem Monogramm trägt, dass die erste Ausgabe
in dieses Jahr falle.

Eine kleine Orientirungstafel geht dem Werke voraus, dann
folgt die grosse Landkarte auf 24 einzelnen Tafeln, welche man
zusammensetzen kann. Rings um die ganze Karte zieht sich eine
Randleiste mit üppigen Fruchtschnüren und blasenden Engel-
köpfen, welche die Winde darstellen. In der Karte selbst sind die
angebrachten Wappen und die Felder für die Dedication und
einige Inschriften eingefasst von Rahmen in kräftigen Renaissanceformen, auf welchen sich hübsch gezeichnete Figuren lagern.
Ueber den Urheber dieser künstlerischen Verzierungen herrscht grosse
Meinungsverschiedenheit. Becker [1] schreibt sie ganz entschieden
dem Jost Amman zu, aber Nagler [2] widerspricht ihm ebenso
entschieden. Die Monogramme lassen sich auf keinen bestimmten
Künstler oder Formschneider deuten. [3]

Im Jahre 1578 beauftragte der Herzog seinen Wardein Peter
Weiner mit einer Neuherausgabe der Mappa in Kupferstich, da er
Philipp Apian wegen seiner protestantischen Gesinnung inzwischen
Landes verwiesen hatte. [4] Im folgenden Jahre 1579 lag das Werk

---

[1] C. Becker, Jobst Amman. Leipzig 1854. S. 55.
[2] Monogr.
[3] Die alten Holzstöcke befinden sich jetzt im Nationalmuseum zu
München.
[4] Wir finden darüber folgende Notiz in der Hofzahlamtsrechnung:
«Thoman Talhaimern Hamerschmidt Per 24 Kupffer Plech so er dem
wardein zu machung der Bayrischen Mappen zugestellt, fl. 26 kr. 36.»

von Weiner gestochen vollendet vor. An künstlerischem Werth
hat die Karte bei dem Nachstich bedeutend eingebüsst. Die
markige Kraft der Zeichnung im Holzschnitt ist vollständig verloren gegangen und bei den Randleisten contrastirt die feine und
schwächliche Nadelführung unangenehm mit den kräftigen Formen,
welche bei der sonst getreuen Nachbildung geblieben sind. An
Stelle des Wappens auf der letzten Tafel unten rechts in der Ecke
ist eine Bavaria mit den Löwen getreten, welche von dem Talent
des Zeichners eine sehr geringe Meinung fassen lässt.

Als Randeinfassung der Uebersichtstafel in beiden Publica-
tionen der Bayerischen Mappa sind die Wappen der 34 Bayrischen
Städte angebracht. Sie bilden einen Theil der grossen Wappen-
sammlung, welche Herzog Albrecht in ganz Bayern anstellen liess.
Wir finden die erste Nachricht darüber in einem Rundschreiben
des Herzogs „an alle seine Getreuen der Landschaft so wie an
einzelne Persönlichkeiten von Bedeutung" vom Jahre 1560. Es
heisst darin: Nachdem wir jetzt im Werk seindt ain trefflich Puech
von Gemäl zurichten zu lassen und zu ewigher Gedächtnuss aller
vnsern Landen, Graffschaften, Stetten, Clöster vnd Märckht Wappen darinn zu bringen So wollen Wir, dass Ir aufs allerehist es
immer so sein mag (das betreffende) Wappen mit seinen aigent-
lichen Farben aufs Papier bringen vnd Vns bey Tag und Nacht
zukhommen lasset." [1] Dieses „trefflich Puech von Gemäl" ist das
Psalmenwerk des Orlando di Lasso mit den Miniaturen von
Hanns Müelich. Der erste Band bringt das grosse bayrische Wappen umgeben von zahlreichen kleinen und oben die Inschrift:
„Die Wapen der Closter, Bröbt, und Stift in Bairn. 86 alhie ver-
zaich." Der zweite Band bringt auf S. 5 um das mittlere bayerische Wappen in grosser Darstellung eine Anzahl kleiner Wappen und die Inschrift: „Illustrissimi Principis ac domini dñi Alberti,
utriusque Bavariae ducis etc. nunc regnantis et Statuum Bavariae tam praeteritorum quam praesentium officiorum hæreditariorum
eorumdemque statuum sedecim comissariorum iam deputatorum
insignia 1570." S. 6—9 bilden ein zusammengeschlagenes Blatt
von doppeltem Seitenformat auf beiden Flächen reihenweise
geordnete Wappen darstellend. Die eine Seite (6 u. 7) bringt

---

[1] Oberbayr. Arch. 29. S. 75.

267 Wappen unter der Ueberschrift: „Equestris ordinis comitum Baronum et aliorum nobilium utriusque Bavariae alumnorum nec non et antiquorum triumphatorum insignia." Die andere Seite (8 u. 9) bringt 208 Wappen unter der Ueberschrift: „Insignia equitum auratorum nobilium Patriciorum aliorumque honorandorum Bavariae inhabitatorum in aeternam laudabilemque memoriam statuum Bavariae appicta."[1] Auf beiden Seiten ersieht man aus einer Anzahl leerer Schilde, dass trotz des herzoglichen Wunsches nicht alle Wappen eingesandt worden sind.

Die eingesandten Wappenzeichnungen wurden Philipp Apian überliefert, viele hat er vielleicht auch selbst auf seinen Reisen zur Aufnahme der bayerischen Mappa gesammelt. Eine grosse Menge der Originalzeichnungen mit Beischriften von Apians Hand enthält der Cod. bav. 2287 auf der Staatsbibliothek zu München. Nach diesen wurden Holzschnitte angefertigt, von welchen eine Anzahl in einem Sammelhefte Apians erhalten ist, das vom Jahre 1562 datirt (Staatsbibl. Cod. bav. 3379), andere in Cod. iconograph. 298—303.[2] Ein Theil der Holzstöcke ist noch erhalten und befindet sich im Besitze des Historischen Vereins für Oberbayern. Neuerdings sind die Wappen wieder herausgegeben worden im Oberbayrischen Archiv 1880 mit einer Einleitung, welche einige falsche Angaben enthält, die nach dem Aufsatz von Hefner im vorhergehenden Jahrgange derselben Zeitschrift zu berichtigen sind.

II.

Als Herzog Albrecht im Februar 1568 die Hochzeit seines Sohnes Wilhelm mit der Prinzessin Renata von Lothringen in München durch grosse Feste feierte, gedachte er das Andenken dieser Tage der Nachwelt zu bewahren. Desshalb beauftragte er

---

[1] Von der weiteren Angabe anno dni 1560, welche das Oberb. Arch. 29, S. 66 macht, steht nichts.

[2] S. Altbayrische Heraldik von Otto Titan von Hefner im Oberb. Arch. 29. Ueber Druck und Illumination der Wappen finden wir zwei Notizen in den Hofzahlamtsrechnungen von 1576: „Adamen Perg Puechtruckhern Per Truckherlohn für 308 Bayrische wappen 1 fl. 50 kr. Geörgen weickhman Illuministen von 300 Bayrischen wappen zu ylluminiern 3 fl. 20 kr."

seinen „Cantzleyverwonten" Hanns Wagner mit einer ausführlichen Beschreibung der Festlichkeiten und berief den Nicolaus Solis, dieselben in 15 Kupferstichen zu verewigen. [1] Ausser diesen officiellen Werken erschienen noch zwei andere Beschreibungen der Feierlichkeiten. Die eine zu Augsburg bei Philipp Vlhart in Versen von Hainrich Wirre, die andere in
Prosa zu München bei Adam Berg in italienischer Sprache von
dem Italiener Massimo Trojano, einem Mitgliede der herzoglichen Kapelle unter dem Titel : „Discorsi delli triomfi, giostre,
apparati, e delle cose piu notabile fatte nelle sontuose Nozze,
dell' Illustrissimo et Eccellentissimo Signor Duca Guglielmo." [2]
Diese in Dialogform gehaltene Beschreibung ist von Friedrich
Würthmann 1842 in's Deutsche in erzählender Form übersetzt.
Sie bildet eine kulturgeschichtliche Quelle von höchster Wichtigkeit.

Auch die künstlerisch unbedeutenden Stiche von Nico-
laus Solis sind kulturgeschichtlich interessant. Sie wollen auch
gar nicht Kunstwerke sein, sondern waren von Anfang an be-
stimmt mit reicher Illumination versehen, eingeheftet in die
Beschreibung Hanns Wagners, eine Erinnerung an die festlichen
Tage abzugeben. Ein prächtig ausgemaltes Exemplar aus dem
Besitze des Pfalzgrafen Wolfgang Wilhelm befindet sich auf der
Münchener Staatsbibliothek 2" Bavar. 879.

1. Einholung der Braut am Samstag den 21. Febr.
h. 27 cm., br. 147,5 cm. Monogr. NS unten in der Mitte. „Nit
weit vom Dorff Newhausen" [3] sind zwei prächtige Zelte aufge-
schlagen. Zwischen beiden findet die Begrüssung von Braut und
Bräutigam statt. Herren und Damen des Gefolges stehen zur Seite.
Links wartet der mit sechs weissen Hengsten bespannte Braut-
wagen. Vier vergoldete Löwen an den vier Ecken desselben
halten vier Wappenschilde. Noch mehr links stehen die Wagen,
in welchen die Braut von Dachau gekommen ist. Rechts das
Musikcorps, die lange Reihe der donnernden Kanonen, der grosse
Haufe des Fussvolks mit wehenden Fahnen. In weitem Bogen

---

[1] Hofzahlamtsrechnung 1570. «Mer bezalt dem Niclas Solis khuPfer-
stecher vmb arbait 264 fl.»
[2] Hofzahlamtsrechnung 1568 «den 28 Juni dem Maximo Troiano
nachdem ehr herzog Wilhelmen was dediciert 100 fl.»
[3] Hanns Wagner.

nach rechts bewegt sich der endlose Zug von Reitern auf die im Hintergrunde sichtbare Stadt zu.

2. **Segnung des Brautpaares durch den Cardinal von Augsburg in der Frauenkirche an dem Altar vor dem Chor**, am Samstag den 21. Februar. h. 40 cm., br. 39,5 cm. unbez. Unmittelbar nach dem Einzug in die Stadt hatten sich die Fürstlichkeiten mit ihrem Gefolge in die Frauenkirche begeben. Der Stich stellt den Altar vor dem Chore dar, hinter demselben sieht man die Stufen, welche zu dem Chorraum hinaufführen. Dieser wird rechts und links von den Kirchenstühlen begrenzt, die sich an den Pfeilern hinziehen. Hinten sieht man das Fenster der mittelsten Kapelle des Chorumganges. Vor dem Altar kniet das Brautpaar. Der Cardinal spricht zu demselben, bedient von zwei Ministranten. Links stehen die fürstlichen Damen und die Damen des Gefolges. Auf beiden Seiten wird die Scene von Hellebardenträgern abgeschlossen.

3. **Braut und Bräutigam werden an dem Altar vor dem Chor in der Frauenkirche mit Ring und Kranz geschmückt.** Sonntag den 22. Februar. h. 39,5 cm. br. 39 cm. unbez. Der Standpunkt des Beschauers ist bei diesem Stiche etwas mehr rechts gewählt als bei Nr. 2. Man sieht ein wenig schräge auf den Altar vor dem Chor. Rechts daran vorbei in den Chorraum selbst. Dieser wird nach hinten von dem Hoch-altar abgeschlossen, auf welchem man kleine Silberstatuetten von Heiligen erblickt. Zwischen den Säulen links hindurch die grossen Fenster des Kapellenkranzes. Vor dem vorderen Altar steht das Brautpaar die Hände in einander haltend. Der Cardinal von Augs-burg hat der Braut den Ring an den Finger gesteckt und das Haupt des Bräutigams mit dem Kranze „von unzähligen, seidenen, der Natur ganz getreuen mit Edelsteinen geschmückten Blumen und Blättern"[1] geziert. Jetzt segnet er das Paar. Links umgeben von den anderen Fürstinnen und den Damen des Hofes sitzt die gichtkranke Mutter der Braut in einem hohen Stuhle. Rechts stehen die Fürsten und Herren des Gefolges. Hellebardenträger zu beiden Seiten.

---

[1] Die Citate bei Beschreibung der Stiche, wenn nicht anders an-gegeben, aus Trojano-Würthmann.

4. Die Fürstlichkeiten und ihr Gefolge hören die geistlichen Gesänge im Chor der Frauenkirche an. Scene unmittelbar nach derjenigen des vorigen Stiches. Sonntag den 22. Februar. h. 32,5 cm., br. 57 cm. unbez. Der Stich stellt den Chorraum der Frauenkirche dar. Vor dem mit den erwähnten Silberstatuetten geschmückten Altar knien die Geistlichen. Hinter ihnen durch einen Vorhang dem Beschauer fast verdeckt steht das Brautpaar. In den Kirchenstühlen links die Damen, rechts die Herren. Vorn in der Mitte steht das männliche Gefolge. An einem Pfeiler links gewahrt man die Musikkapelle.

5. Hochzeitsmahl in der Langstube der Neuveste. Sonntag den 22. Februar. h. 32 cm., br. 57 cm. Monogramm unten in der Mitte. Die Langstube nach der Längsseite mit dem Kamin gesehen. Links im Hintergrunde an den Fenstern steht die fürstliche Tafel. Obenan unter dem Thronhimmel sitzt das Brautpaar. Die Grafen, Barone und Herren vom Adel, welche bei Tafel bedienten, stehen hinter den Stühlen der Sitzenden. Links vorn die herzogliche Kapelle mit ihren Musikinstrumenten. Rechts hinten die Servirtische und die aufwartende Dienerschaft. Rechts im Vordergrunde die Ehrenwache.

6. Tanz im grossen Saale des Rathhauses. Montag den 23. Februar. h. 32 cm., br. 55 cm. unbez. „Der Stadt München Tantzhauss" nennt Hanns Wagner den Saal. Zu diesem Tanz waren nicht nur der ganze Bayerische Adel, sondern auch die Geschlechter der Stadt München geladen. Man sieht der Länge nach in den Saal mit seiner ein Tonnengewölbe mit gothischen Scheinrippen bildenden Holzdecke. Zwischen dem zweiten und dritten Fenster der hinteren Schmalseite ist der herzogliche Thron errichtet. An den Wänden stehen Herren und Damen, in der Mitte des Saales eine grosse Gruppe von Herren. Zwischen beiden hindurch bewegt sich der Zug der tanzenden Paare. Links vorn auf einer Tribüne mit reichen gothischen Verzierungen die Musikkapelle. Rechts vorn die von unten heraufführende Treppe.

7. Ringlrennen auf dem Schrannenmarkt am 24. Februar. h. 34,5 cm., br. 58 cm. Monogramm unten in der Mitte. Man sieht im Hintergrunde auf die nördliche Häuserreihe des Schrannenmarktes. In derselben rechts gewahrt man das Land-

schaftshaus, [1] von dessen Fenstern aus die Damen des Hofes den Spielen zuschauten. Davor erblickt man inmitten des Volkes den mit der Figur eines stehenden Ritters gezierten Fischbrunnen und rechts daneben den gothischen Oberbau eines Ziehbrunnens. Ganz links ragen über die Häuserreihe die Frauenthürme empor. In der Mitte des Platzes ist der Turnierraum abgesteckt. Rechts und links Eingangsthore. Die Schranken werden von Hermen gebildet, weibliche armlose Oberkörper mit einem Modius auf dem Haupt; von Herme zu Herme ziehen sich Festons. Den Platz umdrängt das Volk zu Fuss und zu Pferde. Im Mittelgrunde der Bahn etwas nach rechts ist der Galgen mit dem Ringe errichtet, auf welchen ein Ritter mit eingelegter Lanze von links her zusprengt. Mitten im Vordergrunde bewegt sich der Zug der beiden Ritter, welche das Turnier berufen hatten, des Erzherzogs Ferdinand von Oesterreich und des Giulio Riva von Mantua. „Sie fuhren in einem prächtigen, antiken, mit rothem Sammet bedeckten Triumphwagen, in welchem fünf Musiker mit Violinen, gekleidet wie Nymphen, auf zwei Stufen abgetheilt, nämlich auf der ersten drei, auf der zweiten, etwas mehr erhabenen zwei sassen. Vor diesen waren zwei Sitze, auf welchen Erzherzog Ferdinand als Agrippa und Giulio Riva als Regulus sich befanden. Der Triumphwagen wurde von vier schneeweissen Pferden gezogen. [2] Vorher ritten vier als Greise maskirte Ritter, in langen scharlachrothen Röcken, paarweise mit Lanzen in der Hand. Um den Wagen gingen vier roth gekleidete Reitknechte, nach welchen vier glänzend weisse mit rothem Sammet bedeckte Pferde nach einander geführt wurden. Die beiden maskirten alten Ritter

---

[1] Lor. Hübner giebt in seiner Beschreibung von München, 1803 I, i S. 108 von dem Landschaftshaus folgende Nachricht: «Das landschaftliche Gebäude ist erst im 16. Jahrhundert aus mehreren erkauften Häusern entstanden, denn vor 1513 befand sich hier kein fester Sitz der Landschaft ... ordentliche Acten sind erst seit 1514 vorhanden, nämlich nach Erbauung dieses Hauses. Es ist eins der ansehnlichsten Gebäude der Stadt und eine wahre Zierde des Marktes. Sein hohes spitziges mit Ziegeln gedecktes und wegen der zwei beiderseits dazu gekauften Häuser ungleich hohes Dach giebt ihm übrigens eine etwas seltsame Gestalt.» Auf der Stelle des Landschaftshauses steht jetzt das neue Rathhaus. Von dem Fischbrunnen giebt Hübner an, dass er einst aus Holz war.
[2] Welche vier Jungfrauen am Zügel führten.

trugen lange rothsammtene antike Kleider, hatten ein graues Haupthaar und lange Bärte." Rechts von diesem Aufzuge erblickt man „die Göttin Diana mit dem Bogen in der Hand" zu Pferde, „in ihrer Begleitung waren zwei Nymphen mit vergoldeten Pfeilen, in roth und weissen mit Gold gestickten seidenen Kleidern; elf Musiker in ländlicher Tracht [1] mit verschiedenen Instrumenten gingen ihr voraus." Im mittleren Hintergrunde „drei nach deutscher Art roth und gelb gekleidete Ritter" auf Pferden, die so maskirt waren, dass „sie auf allen Vieren gehenden Riesen glichen". Ganz links im Hintergrunde zwei Ritter als Wolf und Bär auf als Schaf und Ochse maskirten Pferden. „In der Mitte der Bahn wurde ein Fuchs los gelassen, welchen die Hunde erlegten." Ausserdem tummeln sich viele Fussgänger und Reiter auf der Bahn.

8. Mummerei in der Langstube am Abend des 24. Februar. h. 32,5 cm., br. 57 cm. unbez.? Acht als Frauen verkleidete Pagen mit brennenden Wachskerzen treten nach dem Tact der Musik in den Saal. Tanzende Paare kommen ihnen entgegen. Rechts zwei als alte Patriarchen verkleidete Fürsten. Die herzogliche Familie und andere Zuschauer an den Wänden. Rechts das Orchester. Rings herum stehen Knaben mit brennenden Wachskerzen.

9. Fussturnier auf dem Schrannenmarkt am 25. Februar. h. 34 cm., br. 57 cm. Monogramm unten in der Mitte. In der Mitte ist die Bahn durch einen Querbalken getheilt. Darüber hinweg turnieren die an Oberkörper und Kopf gewappneten Ritter. Rechts feuern zahlreiche Schützen ihre Büchsen in die Luft ab. Vorn Erzherzog Karl als Veranstalter des Turniers zu Pferde. Links im Vordergrunde das Zelt der Kampfrichter. Dahinter verschiedene Maskenzüge.

10. Turnier über die Planken oder Palien am 26. Februar. h. 34 cm., br. 57,5 cm. Monogramm unten in der Mitte. Die Bahn ist der Länge nach durch einen mannshohen Bretterzaun getheilt. Auf verschiedenen Seiten daran entlang sprengen zwei Ritter mit eingelegten Lanzen gegeneinander. Links im Hintergrunde der Bahn das Zelt der Kampfrichter. Die Bahn

---

[1] D. h als Satyrn verkleidet.

ist von Reitern erfüllt, deren Pferde mit köstlichen reich geschmückten Schabraken bedeckt sind. Dieser Stich zeigt an einigen Häusern des Schrannenmarktes die Bemalung. Namentlich diejenige des Landschaftshauses ist sehr reich.

11. Kübelstechen auf dem Schrannenmarkt am Samstag den 28. Februar. h. 33,5 cm., br. 57 cm. Monogramm unten in der Mitte. Viele Kämpfer tummeln sich in den Schranken. Sie waren „vom Gürtel ab nach unten in weisser Rüstung und am ganzen Oberleib und den Armen bis an die Schultern gleich dick mit Heu ausgestopft. Anstatt des Helmes trugen sie einen hölzernen mit verschiedenen fratzenhaften Darstellungen bemalten Kübel, am Halse und Kopfe von gleicher Weite. Ihre Pferde hatten ein bäuerliches Aussehen, auf dem Rücken einen kleinen Sattel ohne Gurte. Die Lanzen hatten anstatt der Spitzen eine runde Scheibe." Sie rennen mit eingelegten Lanzen aufeinander los, einige sind vom Pferde gestürzt.

12. Turnier auf künstlichen Pferden in der Langstube. Am Abend des 28. Februar. h. 31,5 cm., br. 56,5 cm. Monogramm unten nach links. In der Mitte des Saales turnieren mehrere Ritter „auf Pferden, welche mit vieler Kunstfertigkeit aus Pappendeckel der Natur sehr getreu geformt waren, und die alle mit rothem, gelbem und weissem Atlas bedeckt waren." Seitwärts halten die Kampfzeugen, ebenfalls auf künstlichen Pferden. Vorn halten goldene Löwen in ³/₄ Mannshöhe grosse Wachskerzen.

13. Freiturnier auf dem Schrannenmarkt am 1. März. h. 34,5 cm., br. 57,5 cm. Monogramm unten in der Mitte. In der Mitte der Bahn begegnen sich zwei Ritterpaare, das eine mit der Lanze, das andere mit dem Schwert. Die Pferde tragen köstliche Decken, von den Helmen hängen gewaltige Federn herab. Andere Ritter halten zu Ross in der Bahn, wartend bis an sie die Reihe kommt. Musiker und Fussgänger erfüllen dieselbe. Das Zelt der Kampfrichter links im Hintergrunde.

14. Scharfrennen auf dem Schrannenmarkt am 2. März. h. 34 cm., br. 57,5 cm unbez. Die Bahn ist mit Stroh bedeckt. Zwei Ritterpaare turnieren in der Mitte mit den schweren Lanzen, „welche zwei Knappen mit grosser Anstrengung vor dem Kampfe auf die am Harnisch angebrachte Stütze" legen. Von dem einen Kämpferpaar stürzen beide zur Erde. Von dem

anderen bleibt der eine Sieger, der andere stürzt. Fussgänger und Reiter eilen herzu, um die Gefallenen aufzuhehen. Viele Personen erfüllen die Bahn.

15. **Kröndlstechen auf dem Schrannenmarkt** am 2. März. h. 34,5 cm., br. 57 cm. Monogramm unten in der Mitte. Zwei Paare von Rittern vollständig gewappnet, die Pferde mit reichen Decken behängt, begegnen sich mit eingelegten Lanzen. Die Lanzen tragen statt der Spitze ein kleines Krönchen. Reiter und Fussgänger.

Goldschmiedekunst.

I.

Bei den Werken der Goldschmiedekunst verbindet sich der Werth der Form mit der Kostbarkeit des Materials. Die prächtige Kleidung der Männer und Frauen zur Zeit der Renaissance bot Gelegenheit für reichen Juwelenschmuck. Eine goldene Kette schlang sich mehrfach um dem Hals und hing auf die Brust herab. den Hut zierte eine Perlenschnur, eine kostbare Agraffe. Schimmernde Diamantknöpfe nestelten das Gewand, Ringe mit blitzenden Steinen wurden an die Finger gesteckt, reiche Spangen legten sich bei den Damen um die Wurzel der Hand. Mit Staunen hören wir die Zeitgenossen von den Schätzen an Juwelen und edelem Metall erzählen, mit denen die Fürsten bei grossen Festlichkeiten sich selbst schmückten, oder welche sie als kostbares Tafelgeschirr oder als Kirchenschatz aufstellen liessen. In allen Berichten wird auch der Geldwerth besonders betont. Die Fürsten unter sich sprachen davon gern, und der Reichthum des einen oder des anderen wurde bewundert.

Es erscheint natürlich, dass ein Fürst wie Herzog Albrecht, erfüllt von der Erhabenheit seiner Stellung, stolz war durch den Reichthum seiner Schatzkammer zu glänzen. Keine Zunft hatte sich seiner hohen Protection so sehr zu erfreuen wie diejenige der Goldschmiede. Vaterländisch gesinnt, bevorzugte er in seinen Aufträgen die Stadt, in der er residirte. 39 Münchener Goldschmiede finden wir in den Rechnungen seiner Regierungsjahre, und die Summen, welche sie erhielten, sind bedeutend. Ringe.

silberne Schreibzeuge, silberne Schalen, Armspangen, goldene Ketten, silberne Leuchter, silberne Löffel, Tablets, Kannen, Trinkgeschirre waren die gewöhnlichen Einkäufe des Hofes. Wo es galt jemandem für einen Dienst zu danken, oder ihm eine Gnade zu erzeigen, da wurde ihm eine Gold- oder Silbersache „verehrt", und bei der bekannten Trinklust jener Zeit meistens ein Trinkgeschirr dazu gewählt. Diese Trinkgeschirre, waren je nach der Stellung desjenigen, dem sie überreicht werden sollten, im Preise sehr verschieden. Manchmal genügten schon wenige Gulden, meist aber überstieg der Preis die Summe von 30 fl., es werden auch solche von über 100 fl. verehrt. An fremde Höfe, oder an Leute von sehr hohem Rang wurden grössere Schmucksachen geschenkt. So wird im Jahre 1576 für den König von Spanien ein prächtiges Trühlein angefertigt.[1]

Die einfacheren Silbersachen werden nach Gewicht gekauft. Die Mark verarbeiteten Silbers wird mit 20 fl. bezahlt, vergoldetes Silber mit 21 fl. Oft wird den Goldschmieden aus der fürstlichen Münze Silber oder Gold zur Anfertigung von Schmucksachen durch den Münzmeister Antoni Hundertpfund „überantwortet". Dieser hatte es manchmal erst durch Scheidung gewonnen,[2] meistens aber gab er es in Form von Ducaten oder Kronen. Es werden ungerische und portugaleser Ducaten erwähnt. Ihr Preis schwankte zwischen 100 und 110 kr. Die Kronen, auch französische oder Gold-Kronen genannt, galten 93 kr.[3]

In den meisten Fällen kaufte der Herzog nicht fertige Sachen, sondern liess sie erst herstellen. Er lieferte die allgemeine Angabe wohl in einer eigenhändigen Zeichnung. Auch liess er sich Muster von Goldschmieden vorlegen und gab an, was er daran geändert wünsche. Von einzelnen Theilen grösserer Arbeiten mussten ihm auch erst Wachsmodelle eingereicht werden.[4]

---

[1] Stockbauer: Kunstbestrebungen Albr. V. u. Wilh. V. S. 96.
[2] Ueber eine Goldwäscherei in der Isar, welche jährlich einige Gulden eintrug, vergl. Stockbauer S. 109.
[3] 1 fl. = 7 β; 1 β = 30 ₰; 1 ₰ = 2 hr.
  1 fl. = 60 kr.; 1 kr. = 3½ ₰ = 3 ₰ 1 hr.
  1 Thaler galt 1551 = 238 ₰; 1557, 1564, 1567 = 240 ₰; 1569, 1576 = 238 ₰.
[4] Brief des Marx Fugger an den Herzog vom 25. Aug. 1566. Stockbauer S. 91.

Jedoch beschränkten sich der Herzog und seine Gemahlin nicht auf Einkäufe bei Goldschmieden, sondern nahmen auch von Privatleuten Sachen, die ihnen feil waren. So wird Tizian im Jahre 1567 ein goldenes Trühlein abgekauft.[1] Diese Erwerbungen erstreckten sich auf alle Länder und als Vermittler zur Herbeischaffung von Goldschmiedearbeit und Material dazu tritt neben den beiden Fuggern von Augsburg Hanns und Marx, die mit dem Herzog während seiner ganzen Regierungszeit in Verbindung standen, während einer Reihe von Jahren (1562—1571) namentlich Simon Mosse, Jude von Günzburg (später in Oberhausen) auf. Er kaufte 1562 um 1590 fl. Clainoter und um 320 fl. Perlen. 1563 für 1050 fl. Edelgestein und anderes. 1566 um 1146 fl. dto., 1571 um 1002 fl. Perlen und andere Kleinodien. Auch der Augsburger Antoni Meiting vermittelt viele Einkäufe an Goldschmiedearbeit.

II.

Von Münchener Goldschmieden finden wir namentlich I s a c k M e l p e r, H a n n s R e i m e r, J ö r g S ö c k h i n (d. h. aus Szegedin, daher sein Beiname) Unger, d i e b e i d e n G e o r g T i l g e r (wahrscheinlich Vater und Sohn) und H e i n r i c h W a g n e r beschäftigt.

Eine prächtige Arbeit von J ö r g S ö c k h i n U n g e r besitzen wir noch in den Beschlägen zu den beiden grossen Pergamentbüchern, welche die Psalmen des Orlando di Lasso mit den Miniaturen von Hanns Müelich enthalten, und den dazu gehörigen Erklärungsbänden. Nicht nur die vier Ecken der Vorder- und Rückseiten sind mit vergoldeten Löwenköpfen in emailirten Cartouchen beschlagen, sondern in der Mitte jeder Seite befindet sich noch das bayerische Wappen in reicher Goldschmiedearbeit. Auch die Schlösser und die Schliessen sind prächtig ausgestattet. Die Beschläge des dritten Miniaturbandes Müelichs mit den Motetten von Cyprian de Rore sind einfacher. Silber vergoldet mit verschlungenen Linearornamenten. Der Verfertiger dieser Arbeit war V l r i c h S c h n i e p, der Uhrmacher und Gelbgiesser des Herzogs. Die

---

[1] Stockbauer, S. 93.

kleineren Erklärungsbände haben dieselbe Form der Beschläge wie der betreffende Hauptband.[1]

Die beiden Tilger waren vornehmlich Silberarbeiter. Bei ihnen wurden meistens die Trinkgeschirre zu den Verehrungen gekauft, und wir haben Ursache anzunehmen, dass auch diejenigen, deren Verfertiger nicht besonders angegeben wird, der Mehrzahl nach von diesen Meistern herrühren.

Ausser einem öfters beschäftigten Goldschmied von Friedberg, einem einmal erwähnten Landshuter, dem einmal genannten berühmten Wenzel Jamnitzer v. Nürnberg u. s. w. wurde neben München namentlich Augsburg bevorzugt. 13 Goldschmiede von dort werden genannt, und auch sonst kauft der Herzog von jener altberühmten Handelsstätte das Rohmaterial namentlich an Edelstein.

In den Hofzahlamtsrechnungen werden während der Regierungszeit Herzog Albrechts folgende Goldschmiede genannt:

Goldschmiede von München: Leonhart Baumeister 1557—64, Christoph Cramer 75, Joseph Duzmann 64—69, Simon Duzmann 51—65, Hanns Frühauf 61, Hanns Gabler 54, Hanns Gerolzhofer (68 verheirathet) 69—73, Wolfgang Glaner 68, Jacob Grespockh (Lakai u. Goldschmied) 61, Jusua Habermal 65, Albrecht Kraus (gest. 64) 57—64, Caspar Lechner 79, Niclas Leickher 71, Ludold 69, Isaak Melper 60—79, Tobias Melper 67—74, Jacob Mentzinger (74 schon todt) 64—65, Moshamer 69, Wenndl Müller 71, Martin Pranndt 65, Hanns Reiner 57—79, Heinrich Ruedolt (anfangs in Augsburg) 67—79, Rueland 67,

---

[1] Ueber die Kosten der Buchbeschläge geben die Hofzahlamtsrechnungen folgende Auskunft: «1565. Mer beZalt dem Munsmaister vmb 17 mr. 15 lot 1 q fein Silber welliche dem Vnnger goldschmidt Zubeschlagen aines gesanngPuechs vberanthwort worden thun die mr. P. 12 fl. 9 k. 217 fl. — β 24 d. 1 hr. Dem Vnnger goldschmid vmb Arbait wegen beschlachung aines Puechs vermig der Zetl. 764 fl. 1572. Nachdem georg Söckhein vnnger goldschmidt meinem genedigen fürsten vnd herrn drey grosse gesanng Püecher mit feinem Silber beschlagen vnd geschmelz. Auch soliche Püecher Irn f n g n A o 66, 71 vnnd 72 vberanthwort. Haben die beschlecht Zu gemelten drey Püecher gewogen 41 mr. 12 lot 2 q, die mr. P. 29 fl. geraitt thuet an gellt 1211 fl. 39 ¹/₂ k. Dauon wierdet AbZogen 73 fl. 28 k. ¹/₂ von wegen 6 mr. 3 q. Silber so Ime Aus f n Münssz ist geben worden. Rest Noch 1138 fl. 11 k. die Ich Zallmaister gedachtem Vnnger beZalt vnnd vermig Ainer beiliegenndten Vnderschribnen Zetl hiemit in Ausgab EinPring. 1138 fl. 1 β 8 d. ¹/₂.»

Mathes Schattenloher 78, Hanns Schuechmacher 60—75, Schweickhl 75, Jörg Söckhin Unnger (heirathet 64) 60—79, Jörg Stain (gest. Herbst 61) 54, Katharina Stainin (61 zuerst „witib" genannt) 57—64, Georg Staub 65—66, Martin Staub 65, Jörg Stumpf 60, Jörg Tilger der ältere 51—70, Jörg Tilger der jüngere 54—72, Eckhart Volmann 62—70, Heinrich Wagner 72—78, Nicklas Warakhay Vnnger 73—79, Balthasar Wenndl 70—76, Balthasar Widmann 70—79.

Goldschmied von Friedberg. Andreas Adamstet 64—69.

Goldschmied von Landshut. Andreas Huber 77.

Goldschmiede von Augsburg. Ulrich Eberle 66—70 (76 in einer Kunstcorrespondenz genannt), Egemiller 61, Marx Kraus 68, Abraham Lotter 65—68, Martin Marquart 66—69, Dionys Müller 62, David Prentl 61, Hanns Raisser 70, Jörg Rittl 71, Heinrich Ruedolt 64 (später in München), Hanns Runge 65, Wilhelm Sailer 67—68, David Zimmermann (gest. 73) 66—73.

Goldschmied von Nürnberg. Wenntzl Jamnitzer (1508—1585) 57.

Goldschmied von Trient: Johann Babtista 67—72.

Goldschmied von den Niederlanden: Andreas Altensteter 62.

In den Kunstcorrespondenzen Herzog Albrechts finden sich noch folgende Namen:

Valentin Hueter (Schwager des Eberle, Augsburg) 76, Hadrian (Friedberg) 76, Battista de Negrone (aus Welschland, vielleicht identisch mit Johann Babtista von Trient) 72—76.

III.

Das Silbergeräth des Hofes war in der Silberkammer aufbewahrt, welche mehrere Beamte verwalteten. Als Albrecht V. die Regierung antrat, waren Hanns Albl, Jörg Hagen und Jörg Gunsheimer angestellt. Später finden wir Jörg Albj und den Goldschmied Jacob Mentzinger (gest. 1574) als Silberkämmerer erwähnt. Dann tritt seit 1572 der Goldschmied Niclas Warakhay Vnnger in diesem Amt auf. Ihm sind zwei Edelknaben, der Untersilberkämmerer und ein Silberknecht in der Verwaltung beigegeben.

Nach allen Seiten hatte der Herzog seit seinem Regierungs-

antritt die Goldschmiedekunst zu heben gesucht. Nun beschloss
er ihr und damit sich selbst ein ewiges Denkmal zu setzen. Vom
Jahre 1565 datirt eine U r k u n d e , welche die ersten „erb vnnd
haus clainoder" als unveräusserlichen Besitz der bayerischen Herzog-
familie „in ymmerwerennde zeit unverrugkht" verordnet.[1]

17 Nummern wurden im Jahre 1565 eingetragen:

1. Des Herzogs „schön gulden costlich tringkhgeschirr von
schöner geschmeltzter unnd tribner arbait mit demut rubin unnd
schmaral versetzt." Um einen Knopf auf der Spitze des Deckels
legten sich 5 Kränze von Edelsteinen. Innwendig schmückten den
Deckel eine grosse Diamantrose und zwei Löwen, welche einen
Smaragd hielten. Um den Bauch des Bechers zogen sich sechs
Reihen von verschiedenfarbigen Edelsteinen, in der Mitte unter-
brochen von 3 Diamant und 6 Rubintafeln, welche sich als kleiner
Kranz gruppirten. Den Fuss zierte wieder ein Ring von Edelsteinen,
und inwendig in demselben befand sich eine Diamantrose.

2. „Ain guldenes tringkhgeschirr weis geschmeltzt unnd mit
zierung mancherlei geschmelzter früchtl, angesichtl unnd tierl wie
volgt:" Auf dem Deckel stand ein goldenes farbenprächtiges
Männlein. In seiner ausgestreckten rechten Hand hielt es einen
grossen Ring, „so von aim gannzen stugkh saffir herausge-
schniten."[2] In der linken einen Schild mit einem Saphir. Der
Körper des Bechers war ähnlich wie der von Nr. 1 geschmückt.
„Innwendig im pecher am poden das bayrisch wappen mit schildt
vnnd hellm geschmeltzt."

3. Ein Halsschmuck besetzt mit Diamanten, Smaragden und
Perlen. Daran hängend ein Kreuz mit denselben Steinen.

4. Ein ebensolcher Halsschmuck mit daran hängendem Kleinod.

5. Ein Kreuz mit Smaragden, Rubinen, Diamanten und
Hängperlen.

6. „Ain guldener adler schwartz geschmeltzt" mit Rubinen,
Diamanten und einer grossen Hängperle.[3]

---

[1] Urkunde abgedruckt in der Vorrede des historischen und be-
schreibenden Katalogs der kgl. bayr. Schatzkammer zu München von
Dr. Emil von Schauss 1879.

[2] Der Ring allein ist in Miniatur von Müelich abgebildet. Staatsbibl. München Cim 46 Cod. iconogr. 429. S. 45.

[3] Fast gleiche Miniatur Müelichs in der Sammlung v. Hefner-Alteneck.

7. Ein Elefant, „so ainen thurm auf ime hat", mit Rubinen, Diamanten und einer Hängperle.

8. Ein Löwe mit Diamant, Rubin und einer Hängperle.

9. Ein goldener Buchstabe A mit Diamanten, Rubinen, Smaragden und einer Hängperle.

10. Ein Kleinod mit einer grossen Diamanttafel, einem grossen Ballas (Rubin balais) und einer Hängperle.

11. Ein ähnliches Kleinod.

12. „Item drey gar schön costlich ring."

13. „Ain silberene verguldte truhen" mit 48 Smaragden, 84 Rubinen und 58 Diamanten.

14. Eine Perlschnur mit 222 Perlen, daran ein Diamantkreuz mit 3 Hängperlen. [1]

15. „Ain grosse guldene kanndte, plaw vnnd weiss geschmelzt, mit ainem rubin vnnd diemut aufm lugkh; dise zwai clainat hallten ain jungkhfrau und zwai beseits steennde enngelen in aim schildt; auf der hanndheb ain saffir mit aim Perl; innwenndig im lugkh ain grosser saphir." [2]

16. Ein altes goldenes Salzfass mit Achat, Perlen und Edelstein „und am ast ein paurntanntz".

17. Ein schöner Spiegel in Gold eingefasst mit Smaragd, Rubin und Diamant.

Dazu wurden später von Herzog Albrecht noch folgende Nummern hinzugefügt:

1. Eine Perlschnur von 63 Perlen, daran ein Kleinod mit Rubinen, Smaragden und Diamanten.

2. „Ain guldens käntlein, so gar artlich und kunstlich oben mit komischen thierkhempffen, unnden mit jaidern alles von geschmeltzten Bildern." In der Mitte des Herzogs Name von Buchstaben aus Diamanten. Auch im übrigen mit Diamanten und Rubinen.

3. „Ain guldens geschmeltzts trüchlein, vast glaicher arbait, wie das kantl obgemellt."

---

[1] Eine noch vorhandene Perlschnur ist abgebildet auf einem Pergamentblatt Müelichs in der Sammlung v. Hefner-Alteneck.

[2] Miniaturabbildung Müelichs in der Sammlung v. Hefner-Alteneck. Reproducirt in »Kunstw. u. Geräthsch. d. Mittelalters u. d. Renaissance«.

4. „Ain clainat mit ainem hochfarbigen ablanngen robin, welchen auf yeder seiten ain geschmeltzt enngele hallten."

5. „Ain spiegl so auswenndig mit ainem samaten fueteral uberzogen und mit silber gar sauber beschlagen, ist inwenndig von ebnaholtz unnd allenthalb mit golt auch mit pildwerch, historien, römischen kämpffen, mit thieren zum schönesten von geschmeltzter, tribner unnd durchprochner arbeit; sambt vil schönen stainen von diemant, robin und schmaral geziert."

6. Ein Schatzkasten von ähnlicher Arbeit.

7. „Ain truechlein" desgl.

8. Eine Perlschnur von 32 Perlen, daran ein Smaragd in Birnenform.

9. Ein Halsschmuck mit 4 grossen Smaragden, 3 Rubinen, 8 grossen Perlen und einem Kleinod. „Dise stugkh alle seindt eingefasst in gollt, mit diemanten geziert, von spanischer arbeit."

10. Eine Truhe von Ebenholz und Cristall mit Gold, Edelsteinen und Perlen. „Erstlich hat sy sechzehen cristallene seyln, oben mit gulden captell unnd unnden mit possament von lapis lazarus; darzwischen fünf grosse vnd fünf khleine cristallene stuckh auf den abgelenngtenn seiten von historien unnd crotesca geschnitten, auf den zwo khleinen seitten aber drey grosse und drey cleine stugkh von cristall, auch von dergleichen historien unnd crotesca." Ausserdem viele Edelsteine. „Das gollt alles auf die spanisch manier gemacht... In der mitte des lugkhs ain gross cristallen plat, darein die erschaffung der welt geschniten, darumben an den seitten vier kleine cristallene stückl, darein copertamennten geschnitten. Dise truhen steet auf vier cristallen lewen mit gulden fligeln unnd der poden davon ist ganntz von ebano."

Von den sämmtlichen hier aufgeführten Gegenständen sind nur noch 5 der kgl. bayerischen Schatzkammer erhalten geblieben.[1]

IV.

Ueber andere Bestandtheile der Schatzkammer Herzog Albrecht V., die nicht als unveräusserlicher Familienbesitz bestimmt waren, haben wir Berichte von Augenzeugen.

[1] s. Schauss, Katalog.

Trojano erzählt davon in seiner Beschreibung der Hochzeitsfeierlichkeiten von 1568. S. 30. „Sehr merkwürdig sind die Schätze
der herzoglichen Kapelle, als : herrliches Silbergeräth, prächtige
Kleider, feine Chorhemden, wie man sie bei der Vermählungsfeier
gesehen hat. Daselbst waren über dem Altare (im Chor der
Frauenkirche) 4 hohe Stufen errichtet; auf der obersten standen
Bilder von Silber, jedes drei Spannen hoch, in deren Mitte eine
silberne und vergoldete Madonna, vier Spannen hoch; auf der zweiten
folgenden Stufe waren die zwölf Apostel, drei Spannen hoch; in
deren Mitte Christus mit der Weltkugel in der Hand, vergoldet
und drei eine halbe Spanne hoch; auf der dritten unteren Stufe
standen ein Sinnbild der Frömmigkeit, eine Madonna mit dem
Kinde auf dem Arme, drei Spannen hoch, ein Christus vergoldet
mit einer Fahne in der Hand, seinen Segen gebend, nebst einer
Madonna, eine und eine halbe Spanne hoch, ganz von Gold. Auf
der letzten Stufe waren zwei Madonnen von Silber und vergoldet,
ein Kopf und ein silberner Arm mit einer Reliquie, in deren Mitte
ein sehr werthvolles silbernes Kreuz. — Auf dem Altar selbst
standen acht Leuchter, je vier auf einer Seite, immer einer um
zwei Finger höher als der andere, die beiden grössten vier Spannen hoch. — Auf dem Altare ausserhalb des Chores, wo am
ersten Abende der Ring geweiht wurde, standen deren eine grosse
Anzahl. — Es würde zu weit führen alle mit Perlen und Juwelen
geschmückten Kleider aufzuzählen, da man nun schon den hohen
unschätzbaren Werth der Kostbarkeiten der Kapelle beurtheilen
kann."

Ueber ein Kleinod Herzog Wilhelms erfahren wir ebenfalls
durch Trojano S. 47: „Auf dem Haupte trug der Bräutigam (am
Morgen des 23. Februar) einen schwarz sammtenen mit Gold
und Silber verbrämten Hut, mit einer Schnur von Rosetten, Perlen
und Rubinen, einer kostbaren goldenen mit vielen Diamanten be-
setzten Medaille, auf welcher Curtius, der in Rüstung zu Pferde
für des Vaterlandes Rettung in den Abgrund sich stürzende Römer,
auf folgende Art prächtig und kostbar geprägt war : Curtius hatte
nämlich am rechten Arme einen grossen Diamant statt des
Schildes; an der Stirne des Pferdes schimmerte ebenfalls ein
Diamant; anstatt des Zügels waren deren vier, ebenso viele am
Hinterkreuze des Pferdes angebracht; vier waren in der auf der

Medaille vorgestellten Feuermasse, und ein sehr grosser
Stein stellte einen das Feuer umgebenden Berg vor; ausser
dem befanden sich unten an der Medaille noch zwei dieser
Art."

Auch über die Geschenke an Edelsteinen und Edelmetall
giebt Trojano ausführlichen Bericht S. 61. Neben vielen kleineren
Sachen wurden folgende grosse Gaben dargebracht: 10 mit
Juwelen und Perlen geschmückte Halsketten im Gesammtwerth
von 41,500 Scudi. 5 ebensolche Gürtel im Werthe von 23,000 Sc.
Für 47,000 Sc. Juwelen. Zwei grosse silberne und vergoldete
Becher 2,000 Sc. Silberne und vergoldete Becher, Salzgefässe und
ein Credenztisch 18,000 Sc. Goldene mit Perlen, Smaragden,
Rubinen und Diamanten besetzte Kränzchen 10,000 Sc. Eine
grosse prachtvolle Medaille 1,800 Sc. Das Land Bayern schenkte
zwei silberne und vergoldete Trinkgefässe mit 6,000 neu geprägten
Ducaten, deren Inschrift auf einer Seite Pro felici auspicio matri-
monali, auf der andern Statuum Bavariæ munus lautete. Werth
11,000 Sc.

Der Bräutigam übermittelte der Braut einen Theil seiner
Geschenke durch ein Würfelspiel, in welchem die Braut gewann.
Am 23. Februar eine mit Diamanten und Perlen besetzte Halskette im Werthe von 1,500 Sc., am 29. Februar eine kostbare
mit grossen Diamanten und einem Rubin geschmückte Halskette
im Werthe von wenigstens 3,000 Sc., am 1. März ein kostbares
mit unzähligen Juwelen durchwebtes Häubchen, welches auf
4,000 Sc. geschätzt wurde. [1]

Ferner findet sich 1568 eine Ausgabe „vmb Silber vnnd
machung meines g. Fürsten vnnd herrn Herzog wilhelmens ec.
Credenntz 10,000 fl." [2]

Ueber einige Einkäufe Herzog Albrechts erfahren wir noch
aus dessen Correspondenzen: 1572. drei Sachen aus Corallen:
1. einen Laokoon mit seinen Söhnen und den Schlangen, eine
Spanne hoch aus einem Stück 2. Triumph des Neptun mit 24 Figuren. 3. Das irdische Paradies mit Adam und Eva, der Schlange

[1] Trojano-W. S. 58 und 88.
[2] Reichsarch. Fürsts. II Sp. Lit. C. Fasc. XXVIII. Nr. 362.

und dem Baume. 1574, Ein Pater noster aus Corallen. 1576.
Unter anderem drei Agnus dei von Cristall. Drei Göttinnen Vesta.
Ein Felsen darauf etliche Corallen stehen.[1]

V.

Eine grosse Ausgabe des Hofes bildeten die Ehrpfennige.
Dieses waren meistens Goldmedaillen mit des Herzogs Brustbild
auf der einen Seite und dem bayerischen Wappen auf der andern.
Man bewahrte sie entweder auf, oder trug sie an einer Kette um
den Hals. So erwähnt Trojano, dass Herzog Wilhelm während
der Hochzeitsfeierlichkeiten am Morgen des 23. Februar „seine
grosse gewöhnliche Halskette trug, welche den Hals viermal um-
gab, und an welcher eine kleine Medaille mit seines erlauchten
Vaters Bildnis hing."[2]

Auch die Goldschmiede, von denen der Herzog sonst Gold-
und Silbersachen bezieht, wurden mit der „Machung" von Ehrpfennigen beauftragt. Ob sie auch die Modelle geliefert haben,
lässt sich nicht entscheiden. Es wird aber wahrscheinlich, wenn
man bedenkt, dass namentlich ein Goldschmied und zwar Hanns
Reimer die Ehrpfennige anfertigte. Dieser hatte vielleicht das
meiste künstlerische Vermögen die Portraitähnlichkeit zu geben.

Auf den noch erhaltenen Medaillen im kgl. Münzkabinet
zu München ist auf der Vorderseite der Herzog im Profil, Brust-
stück, in starkem Relief dargestellt, während die Rückseite mit

---

[1] Stockbauer. S. 111.
Ueber die Abbildungen, welche Müelich von den Kleinodien des
Herzogs anfertigte, so wie über den Einfluss dieses Künstlers auf die
Goldschmiedekunst seiner Zeit s. S. 86.
[2] Die Hofzahlamtsrechnung von 1576 enthält folgende Notiz: «Ainem
welschen Goldschmidgesellen per drei ober und unter Eisen vnsers g.
Herrn Conterfet zu den Ehrpfennigen zu giessen 75 fl.» Von demselben
Jahre an wird der «Goldschmied und Eisenschneider» Georg Eisele
beschäftigt die Formen für die Ehrpfennige herzustellen. 1576 erhält
er «wegen machung Ir. f. gnaden grosen Conterfet in stachel zu schneiden
150 fl.» 1578 «per drei stück vnseres g. f. vnd herrn Bildnus 48 fl.»
1579 «per vier Eisen Stöckh Ir. f. gnaden Conterfets zu schneiden
175 fl.» Wenn sich 1576 unter seinem Namen ferner die Notiz findet
«per zwei Conterfet vnd Wappen in Stain vnd Stachel zu schneiden
40 fl.», dann ist darunter wohl zu verstehen, dass er das Modell in
Stein und dann später die Form in Stahl gefertigt habe.

dem Wappen flach behandelt ist. Die plastische Durchbildung ist von ausserordentlicher Schönheit. Eine grosse silberne Medaille, nach Streber das einzige überhaupt hergestellte Exemplar, bringt auf dem Avers das sehr schöne Profilbrustbild des Herzogs, auf dem Revers einen Löwen, der einen Stier zerreisst, und einen anderen, der ein Lamm beschützt, in Bezug auf die Unterdrückung der protestantischen Verschwörung gegen das Leben des Herzogs und seine Gnade gegen die Schuldigen, welche ihm den Beinamen des Grossmüthigen verschaffte. [1]

Einige Goldschmiede beschäftigten sich auch damit, Siegel zu schneiden, aber es gab noch eine eigene Klasse von Steinschneidern, die sich damit befasste, freilich ohne sich darauf zu beschränken. Für den herzoglichen Hof arbeiteten von München Andreas Geysler, Niclas Preuer, Joseph Kizmahl. Der Steinschneider Benedict Fröschl wurde sogar einmal von Augsburg nach München berufen. Auch sonst werden auswärtige Kräfte von Neuburg, Regensburg und Nürnberg in Anspruch genommen.

Von den Goldschmieden geschieden waren die Goldschläger, in erster Linie Verfertiger des Vergoldergoldes. Ruprecht Ausserstorfer, Goldschläger von Mantua, besorgte die Ciselirung von Degenklingen. Auch die Gold- und Silberbehänge an Teppichen wurden von Goldschlägern gefertigt. 1567 lieferte Wilhelm Tröster viele Arbeiten, wohl zu der Hochzeitsfeier im Februar des nächsten Jahres. Von Wilhelm Compass aus Augsburg wurden dazu für 1592 fl. mit Gold und Silber gewirkte Borten bezogen.

---

[1] Publicirt und besprochen von Franz Ignaz Streber: Ueber einige seltene und unbekannte Schaumünzen Herzog Albrechts V. aus Bayern. Schriften d. Münch. Acad. d. Wiss. 1814. Daselbst «Beschreibung sämmtlicher Current und Schaumünzen Albrechts V.»

DRITTES KAPITEL

Hanns Müelich. [1]

I.

„Johannes Muelich Monacensis artifex celeberrimus, qui idem vulgo Vicentz maler ab avi sui valde usitato nomine dicebatur." So berichtet Samuel Quichelberg im Jahre 1564. [2] Nagler führt einen Maler Wolfgang Zentz auf, der um 1475 in München geboren war und daselbst um 1500 sein Meisterstück ablegte. Sollte Zentz eine Verstümmelung von Vincenz und dieser Maler mit dem Grossvater von Müelich identisch sein? Für den Vater des Hanns Müelich sieht man, freilich, ohne es zu begründen, den Wolfgang Müelich Maler an, welcher zu Anfang des 16. Jahrhunderts in München lebte, und über den sich folgende Pergamenturkunde im Besitz von Beierlein befand. [3]

„Hanns Kärgl custer zu St. Peter hier zu München und Barbara s. Hausfrau, verkaufen ihrem lieben Schwager Wolfgang Müelich Maller und Burger zu München und Katharina s. Hausfrauen. vnnser geschweien vnnd Schwester, — ihren eigenen halben. Theil Haus, Hofstat, Stadl und Garten zu München, in

---

[1] Müelich = mühsam, mühevoll. Nach Franz Ludwig Baumann von Mullo, Mollo. dem zusammengezogenen Mutilo, Motilo. Muatilo, den Koseformen vom Stamme mut. Die Form Mielich durch die bayerische Aussprache des ü wie ie entstanden.
[2] Erklärungen zu den Miniaturen Müelichs in dem Pergamentbande der Motetten von Cyprian de Rore.
[3] Mitgetheilt im Oberbayr. Arch. XI, S. 271.

U. L. Frauenpfarr an der aussern Schwäbingergassen, zwischen Jörg Stubmairs vnnd Jacob Tannerin Witib Häusern — doch unverzigen 5 fl. reinl. so daraus gen Anger gehen, mehr 5 fl. der Priester Bruederschaft zu St. Peter, mehr 2 fl. der Knöpflin und 1 $1/_2$ fl. der Kerberlin — um ain Summa geltz. Siegelt: Der ersame und weis Friedr. Esswurm, Unterrichter zu München mit seinem eignen Siegel. Zeugen: Hanns Weinhart, Glaser vnd Sigmund Dutzmann, Goldschmid, beide Bürger zu München. Geschehen am Sambstag an dem hl. Palmabend 1520." (31. März). Siegel gut erhalten.

Seit Bianconi [1] die Ziffer auf der Grabplatte Müelichs falsch gelesen hatte, galt 1572 für sein Todesjahr, und da derselbe Schriftsteller angiebt, dass der Künstler 57 Jahre alt geworden war, musste sein Geburtsjahr 1515 sein. Die eigenhändige Inschrift um sein Selbstportrait im zweiten Bande der Psalmen des Orlando di Lasso „Effigies Joannis Mielichii Pictoris Monacensis Aetatis suae an° LV 1570" belehrt uns aber, dass Müelich erst im Jahre 1516 geboren wurde, da L V hier Ordinalzahl ist. Ferner stimmt dazu, wenn wir die Lebenszeit von 57 Jahren beibehalten, sein Todesjahr 1573. Die Grabtafel Müelichs, welche sich Anfangs dieses Jahrhunderts im Besitz des Münchener Kunsthändlers Halm befand, enthielt nach dessen Aufzeichnungen in den Materialien zu einer bayerischen Künstlergeschichte (Manuscript Staatsbibliothek München) in Bezug auf den Tod Müelichs folgende Inschrift: „Anno Doñn 1573 den 10 tag martzi Starb der Ernthafft kunstreich und hochberüembt Maister Hanns Müelich Burger und Maler alhie, dem Gott genad." Trotzdem diese Grabschrift auch in einem Manuscript von Oefele abgedruckt im Oberbayrischen Archiv XII. S. 265, mit der richtigen Jahreszahl 1573 gegeben wurde, hat man bisher 1572 als das Todesjahr angenommen. Den letzten Zweifel heben die Hofzahlamtsrechnungen. Dort steht das Leibgeding Müelichs zum letzten Mal 1573 Quatember Reminiscere in folgender Weise: „Hanns Mielich Maler vnnd Burger alhie bezalt die Quottember Reminiscere Lests 25 fl." Dabei am Rande die Buchstaben G. d. G. (Gott dem gnade.)

---

[1] Lettere al Marchese Filippo Hercolani 1763.

Selbstbildniss Hanns Müelichs.

Aus den Miniaturen zu den Busspsalmen des Orlando
di Lasso in der Kgl. Hof- und Staatsbibl. zu München.
Bd. II, S. 189.

Nagler berichtet von einem leider verschollenen Portrait der Frau Müelichs mit einem Töchterchen, welches sich zu Regensburg in der Sammlung Kränner befand. Da dieses Bild mit 1540 datirt sein soll, muss Müelich, wenn die Bezeichnung der dargestellten Personen richtig ist, schon vor diesem Jahre verheirathet gewesen sein.

Von dem Selbstportrait Müelichs auf der hölzernen Grabtafel enthält die Halm'sche Handzeichnungensammlung, welche, lange verschollen, vor einigen Jahren wieder zum Vorschein gekommen ist und sich jetzt im K. Kupferstichkabinet zu München befindet, eine Copie in einer kleinen Kreide- und Tuschzeichnung von Piloti (I, 10.). Der Künstler ist knieend dargestellt als vornehmer Patricier in gewählter Tracht mit einer Ehrenmünze um den Hals, klugen Augen, in höherem Alter mit sehr wenig Kopfhaar und grauem Bart. Sein Wappen ist ein flügelschlagender Schwan mit einem Kranz um den Hals, die Helmfigur ein Mann mit dem Malerwappen der drei Schilde auf der Brust, mit beiden Händen einen Kranz erhebend. [1] Unterschrift: Effigies Joannis Mielichii pictoris monacensis. Aetat. 57 añ. Anno 1572 (!). Piloti delineavit. Oefele bezeugt in der Grabtafel des Künstlers eigene Hand.

Elisabeth, Müelichs Hausfrau überlebte ihren Gatten 28 Jahre. Sie war auf der Grabtafel knieend neben ihm dargestellt. Ihren Tod meldete die Inschrift mit den Worten: Anno Doñi 1601 den 16 tag Jannri Starb die Erntugenthafft frau Elisabeth Schrenckmairin sein Eeliche hausfraw der selle' Gott Genad amẽ. [2]

Nach Aufzeichnungen von Oefele liest man im Oberbayerischen Archiv XII, S. 264 in muro Cœmeterii D.V. ad S. Salvat. fere a facie templi in saxo excisa figura puellae flectentis erectis manibus in cujus margine haec est scriptura: Anno dni 1539

---

[1] Ueber das Wappen Müelichs vgl. F. Warnecke: Das Künstlerwappen. Berlin 1887. S. 30 f.

[2] Die Grabschriften Müelichs und seiner Frau nach Halm, der die Grabtafel in die Frauenkirche stiften wollte, wo sie jedoch nicht zu finden ist. Seine Nachkommen in München konnten darüber keine Auskunft geben. Oefele (Oberbayr. Archiv XII, S. 264) theilt die Grabschriften auch mit, doch weicht seine Angabe etwas von der Halm'schen ab, namentlich darin, dass er als Todesmonat der Frau Elisabeth den März anführt.

den 5 tag julij Starb die Geliebte tochter scholastica ihres alters XII jahr, welche ihren Vater Hans mielich und Elisabeth ihre liebe muetter klagent verliess."

Auf der Grabplatte waren ausser den knieenden Gestalten des Malers und seiner Gattin noch zwei „Töchterchen" in derselben Stellung abgebildet. Da die Tafel wohl aus seiner letzten Lebenszeit stammte, waren die beiden dargestellten „Töchterchen" wohl späte Sprösslinge der Ehe und blieben die einzigen Nachkommen.

Die Münchener Kunstverhältnisse waren zu Anfang des 16. Jahrhunderts, wie in der Einleitung gezeigt worden ist, nicht danach angethan einem Talent, wie dasjenige Müelichs war, zur Ausbildung genügen zu können. Damals aber blühte die Malerschule in dem benachbarten Regensburg. Den alten Ruf der Kunststadt hatte Albrecht Altdorfer um neuen Ruhm vermehrt, und daher war es natürlich, dass der junge Künstler zu seinen Studien nach Regensburg wanderte. Keine Urkunde spricht davon, aber Müelichs Werke weisen ihn bestimmt der Regensburger Schule zu. Von der idealen frommen Malerei der Frühgothik hat sich in Regensburg nur weniges erhalten, und jedenfalls hat es damals dort keine grössere Kunstthätigkeit gegeben. Das wird anders mit der zweiten Hälfte des letzten Jahrhunderts der Gothik. Eine Fülle von Malern wird in den Urkunden genannt, und ihre Zahl lässt vermuthen, dass von Regensburg aus auch die umliegenden Ortschaften mit Gemälden versorgt wurden. Zwei Maler treten bedeutend hervor, Albrecht Altdorfer und Michael Ostendorfer, [1] der erstere das Haupt der Schule, begütert durch den Ertrag seiner Gemälde, in angesehener Stellung unter der Bürgerschaft, der andere anfangs auch einen geordneten Hausstand begründend, dann aber weiss er nicht zu wirthschaften und versinkt immer tiefer in Elend und Noth.

Viele Elemente in Altdorfers Kunst [2] vorzüglich der seiner späteren Jahre finden sich bei Müelich wieder. Altdorfer hat sich der Regensburger Miniaturmalerei angeschlossen, mit Miniaturen tritt auch Müelich gleich zu Anfang seiner künstlerischen Lauf-

---

[1] Lebensgeschichtliche Nachrichten über den Maler und Bürger Michael Ostendorfer in Regensburg von Joh. Rud. Schuegraf.
[2] Max Friedländer: Albrecht Altdorfer.

bahn auf und in Miniaturmalerei hat er sein bestes geleistet. Altdorfer giebt nur die äussere Erscheinung der Natur und bekümmert sich nicht um das Organische, was unter dem Sichtbaren liegt. Ebenso Müelich in seinen Miniaturen. Bei den Abbildungen der Kleinodien des Herzogs ist es erstaunlich, wie ungenau alle Abmessungen sind. Altdorfer giebt sich nicht die Mühe das Wesentliche eines darzustellenden Gegenstandes herauszufinden, den Inhalt einer Scene möglichst schlagend und leicht verständlich zu geben, das Beiwerk überwuchert und wird oft zur Hauptsache. Auch in Müelichs Miniaturen findet sich eine Breite und Fülle der Erzählung, welche den eigentlichen Gegenstand zuweilen gänzlich erstickt. Ganz wie bei Altdorfer in seinen späteren Jahren ist Müelich in seinen Miniaturen bunt und prächtig in der Farbe, sie betonen beide ausschliesslich die Localfarbe, ohne sich um eine einheitliche Tonwirkung zu kümmern, das Licht auf den Figuren und Gegenständen ist bei beiden oft mit Gold aufgestrichelt. Beide haben Freude an grellen Lichteffecten, an Sonnenauf- und untergängen, welche mehr an Feuerwerk als an die Natur erinnern. Auch die Architecturen auf Müelichs Bildern sind denen bei Altdorfer verwandt, es ist eine phantastische Renaissance, welche auf constructive Richtigkeit und Möglichkeit keine Rücksicht nimmt, sondern lediglich decorativ wirken will, wozu auch ihre Bemalung beiträgt.

Ein Element in Altdorfers Kunst hat besonders segensreich auf Müelichs Entwicklung gewirkt: Altdorfers künstlerisches Wesen ist durchaus deutsch. Es ist noch unberührt von der Italienthümelei der späteren bayerischen Kunst und steht darin mit den andern gleichzeitigen grossen Meistern auf einer Stufe. Müelich ist durch seine italienische Reise für sein ganzes Leben befruchtet worden, der Anblick der Kunstwerke Italiens hat ihm eine Freiheit. Leichtigkeit und Grösse verliehen, wie sie Altdorfer nicht eigen sind, aber seinen deutschen Grundcharakter hat Müelich darum nicht geändert, er hat, abgesehen von Einzelheiten, die er übernommen, nur sein Wesen als Ganzes an der italienischen Kunst erhoben. Bei den Jugendwerken Müelichs werden wir darauf hinweisen, wie stark sich darin die Spuren Altdorfers finden, und in seinen späteren Jahren, als er die grossen Miniaturwerke malt, tritt der Einfluss Altdorfers wieder deutlicher hervor.

Schon früh wird Müelich in Regensburg in die Lehre getreten sein, denn bereits 1536 lernen wir in ihm einen fertigen Künstler kennen. In welche Zeit Müelichs Reise nach Italien fällt, können wir nicht genau bestimmen, wohl aber nicht vor 1541, da das jüngste Gericht in der Sixtinischen Kapelle erst in diesem Jahre von Michelangelo vollendet wurde, und Müelich eine Copie davon anfertigte. Wie alle Künstler damals wurde auch er von dem gewaltigen Geiste des Florentiners fortgerissen. Wir finden bei ihm zahlreiche Anklänge an dessen Figuren in der Stellung und in der Behandlung der Muskulatur. Wie sehr Müelich ihn schätzte, beweist auch jene wahrscheinlich nach Skizzen in München ausgeführte Copie des Jüngsten Gerichtes. Seine italienische Skizzenmappe muss überhaupt sehr reichhaltig gewesen sein, denn wir finden in den Miniaturen manche Reminiscenzen an bekannte Werke transalpiner Meister. Wie mächtig muss auch die venezianische Schule unsern coloristisch so vorzugsweise begabten Künstler angezogen haben.

Auch die gelehrte Bildung Müelichs muss eine sehr reichhaltige gewesen sein, und bei der Ausmalung der Pergamentbände mit den Motetten und Psalmen kam sie seiner reichen Gestaltungsgabe sehr passend zu Hülfe. Wir haben schriftliche Zeugnisse, dass er bei der Auswahl der Gegenstände nur selten von Rathgebern unterstützt wurde, das meiste selbst erfunden habe, und das lässt eine erstaunliche Belesenheit voraussetzen. Nicht nur die Bibel muss ihm vollkommen geläufig gewesen sein, sondern auch entlegenere kirchliche Schriftsteller muss er gekannt haben, und die glückliche Wahl seiner Stoffe aus der Antike giebt auch einen Begriff von seiner Kenntniss der klassischen Literatur. Ueber die Wahl der biblischen und ähnlischen Darstellungen in den Psalmen haben wir folgenden Bericht von Quichelberg im ersten Bande seiner Erklärungen: „Sequitur ut imaginum quæ artificiosissime et incredibili numero ad orationis contextum adhibentur, faciam mentionem. Præstitit ergo hoc præcipue Johannes Muelichius pictor Monachiensis adhibita diligenti biblicarum historiarum et aliorum librorum ad hoc accommodorum lectione collato subinde consilio cum Illmo principe summo omnium harum rerum fundatore, qui in his rebus suggerendis liberalissimus et promptissimus distributor

et dividicator fuit. Conveniunt ergo imagines hoc modo." Auf
einer Inschrifttafel im ersten Bande der Psalmen selbst (S.
222) wird Müelich „imaginum unicus collector architectus et inventor"genannt.
Zahlreiche Selbstportraits veranschaulichen uns die Erscheinung
Hanns Müelichs. Schon in seinen jüngeren Jahren war ihm bei
aller künstlerischen Freiheit und Leichtlebigkeit eine gewisse Vor-
nehmheit eigen, zwar trug er die Kappe frei von der Stirn ge-
rückt und schaute keck in die Welt hinein, aber wir ahnen doch
in ihm schon den feinen Patricier, als welcher er im Alter erscheint. Er war gewohnt bei Hofe zu verkehren, er bewegte sich
in einem Kreis von hochgebildeten Männern und stand wohl
namentlich in engen Beziehungen zu dem gelehrten Arzt Samuel
Quichelberg, welcher die Erklärungen zu seinen Miniaturen schrieb.
Wir haben von Müelich nur Werke, welche sich an die Ge-
bildetsten seiner Zeit wandten, seine Kunst war eine durchaus
höfische, ohne dem Hofe schmeichelnd zu dienen. Er war auch
nicht Hofmaler, wofür man ihn stets ausgiebt; wir haben gesehen,
dass dieser Titel damals einen Handwerker und nicht einen
Künstler bezeichnete. In allen Acten wird er Maler und Bürger
von München genannt. Gerade diese freie persönliche Stellung zu
dem Herzog musste ihn unendlich fördern. Ja, als Müelich von
1571 an unter den Leibgedingern erscheint, wird dieses Leibgeding extra als ein erkauftes bezeichnet, d. h. der Herzog hatte
ihm einen Theil seiner Arbeit an dem Psalmenwerk nicht bezahlt, sondern dafür ein Leibgeding von 100 fl. und seiner Frau
nach seinem Tode von 50 fl. jährlich verschrieben.

Die äussere Noth des Lebens wird Müelich kaum gekannt
haben. In der ersten Zeit war er ein gesuchter Bildnissmaler,
und früh schon trat er zu dem Hof in Beziehung. Die Summen,
welche er von dem Herzog für seine Arbeiten bezog, müssen in
Anbetracht der damaligen Geldverhältnisse sehr gross genannt
werden.

II.

Das erste Werk, welches wir von Müelich kennen, stammt
aus seinem 20. Lebensjahr. Es ist ein kleines Tafelbild im
Germanischen Museum zu Nürnberg (Holz 0,86 m hoch,
0,65 m breit. Nr. 251 des Katalogs), welches früher dem Melchior

Feselen oder Altdorfer zugeschrieben wurde, und auf dem Max Friedländer (l. c. S. 135) Müelichs Signatur entdeckt hat. Auf einem Baumstamm rechts steht kaum leserlich, hell auf dunkelm Grunde 1536 und darunter HM. In einer Landschaft, welche zwischen hohen Bäumen und der Ecke eines Schlosses im Vordergrunde einen Durchblick auf Seegestade, Berge und eine Stadt in der Ferne gewährt, kniet der heilige Hieronymus mit entblösstem Oberkörper vor einem verhältnissmässig kleinen Crucifix, hinter dem der Löwe liegt. Vorn auf dem Boden befindet sich sein rothes Obergewand und sein Cardinalshut. Im Grase allerlei Blumen, Käfer und Vögel. Die Figur des Heiligen ist besser gezeichnet als der Löwe. Die landschaftliche Form erinnert an den Hintergrund auf dem weiblichen Bildniss Müelichs in der Münchener Pinakothek, und der Löwe ist in seiner komischen Verzeichnung identisch mit dem auf den Bildnissen Herzog Albrechts V. im Wilhelmgymnasium zu München und in der Belvederegalerie zu Wien. Andererseits aber beweist dieses Bild schlagend die Schülerschaft Müelichs bei Altdorfer. Der Baumschlag des Vordergrundes ist in derselben conventionellen Weise behandelt wie bei Altdorfer, die blumige Wiese wie aus einem Bilde Altdorfers genommen, die Behandlung des Himmels mit den Wolken ganz in der Weise des Meisters. Man braucht nur die in demselben Zimmer gegenüberhängende kleine Kreuzigung von Altdorfer zu vergleichen, um sofort das Schülerverhältniss Müelichs zu erkennen.[1]

Das zweite erhaltene Werk Müelichs gehört der Miniaturmalerei an, von der er sich dann freilich für längere Zeit wieder abwendete. Aus Halms Materialien M. f. 110 u. 111 wussten wir, dass er von Müelich 16 Pergamentblätter mit männlichen und weiblichen Heiligen aus dem Karolingischen Stamm besass; mit der Halm'schen Sammlung musste man auch diese Blätter

---

[1] Max Friedländer leitet aus diesem Bilde eine Schülerschaft Müelichs bei Melchior Feselen ab. Es könnten dabei nur die Altdorfer verwandten Bilder Feselens in Betracht kommen, diese aber sind zu flau, als dass sie diesem künstlerisch reichen Jugendbilde Müelichs als Vorbild könnten gedient haben. Auch eine Schülerschaft bei Michael Ostendorfer, wie andere wollen, ist ausgeschlossen, schon wegen der Armuth dieses Künstlers, ausserdem steht Ostendorfer auf einer viel zu niedrigen Stufe, als dass er Müelichs frühe Werke hätte inspiriren können.

verloren geben, jetzt befinden sie sich mit der wieder entdeckten Sammlung im K. Kupferstichkabinet zu München, Mappe I Nr. 11—14. Es sind die einzelnen Blätter eines Heiligenkalenders, Höhenformat $9^1/_2$: $12^1/_2$ cm. Auf einem Blatt findet sich die Jahreszahl 1537. Die sämmtlich gekrönten Heiligen stehen entweder als Einzelfiguren mit ihren Attributen ruhig da, oder sie sind in einer Scene aus ihrem Leben mit wenigen Personen zusammengeordnet. Auf der Rückseite befinden sich auf blauem Grunde die Namen der Heiligen in Goldschrift und kurze Nachrichten über ihre Abstammung, die Inschrift immer zu dem Bilde gehörig, das sich in dem Büchlein auf der nebenstehenden Seite befand. Die folgende Reihenfolge ist nicht die ursprüngliche.

1) Weibliche Heilige Brot an Arme vertheilend. Rs. S. Ladislaus dux Ungariae et Bohemiae rex.

2) Junger männlicher Heiliger, Königsornat, Becher mit Schlange. Rs. S. Eduardus II Anglorum rex.

3) Weibliche Heilige Brot und Wein vertheilend. Rs. S. Hedwigis ducissa Moraviae comitissa Andexensis et Tyroliensis.

4) Weibliche Heilige Brot und Gewänder vertheilend. Rs. S. Adelgundis filia Walberti comitis Hannoniae et Austrasiae regis.

5) Greiser männlicher heiliger König, rückwärts liegt derselbe König neben einem offenen Kasten. Rs. S. Wendelinus pastor ovium fidelissimus regis Scottiae filius.

6) Greiser männlicher heiliger Pilger mit Geissel, Ruthe, Zange. Auf dem Boden neben ihm liegt die Krone. Rs. S. Rumoldus martyr regis Scottiae filius.

7) Jugendlicher König, dem ein Engel mit Schwert erscheint. Rs. S. Herminigildus Arragoniae Regis filius.

8) Weibliche heilige Nonne im Gebetbuch lesend, in der Luft schwebt ein flammendes Herz mit Crucifix. Rs. S. Radegundis Clotharij magni regis Galliae et Austrasiae coniunx.

9) Junger heiliger Herzog. In der Landschaft stürzt ein Mann vom Pferde. Rs. S. Emesbertus, Wittgeri ducis inferioris Austrasiae filius.

10) Weibliche Heilige mit Lamm. Rs. S. Guido Dux Lotharingiae.

11) Weibliche Heilige vor einem Altar stehend, auf den Stufen desselben liegen ein abgeschlagener Kopf und ein Schwert. Rs. S. Pharahildis Wittgeri Ducis Austrasiae filia.

12) Weibliche Heilige einen Todten erweckend, auf einem Grabstein die Jahreszahl 1537. Rs. S. Oda ducissa Sveviae.

13) Weibliche Heilige über glühende Schaufeln schreitend und eine solche in den Händen haltend. Rs. S. Sigismundus Gundobaldi Burgundiae regis filius.

14) Kaiser, auf seinem Reichsapfel sitzt die Taube des heiligen Geistes. Rs. S. Kunigundis Romanorum Imperatrix.

15) Bischof lesend. Rs. Keine Inschrift.

16) Weibliche Heilige, die einem Mann in schwarzer Kutte Becher und Rosenkranz reicht. Zu ihren Füssen ein Herzogshut. Rs. S. Hugo Epus Rothomagensis, frater Caroli Magni.

Jedes Blatt ist mit einem goldigen und farbigen Rahmen versehen in der bekannten Kartuschenform, welche hier noch bei weitem einfacher ist als in den Miniaturen Müelichs in der Staatsbibliothek. Während das erste Tafelbild Müelichs durch die Fülle der Einzelheiten prunkt, legt er in diesen Miniaturen Werth auf Einfachheit und achtet auf gute Zeichnung und Proportionalität der Figuren, auf ruhige und geschmackvolle Farbengebung. Die Kopftypen lehnen sich ganz an Altdorfer an, der Engel auf Blatt 7 ist wie von Altdorfer gezeichnet. Die Ausführung ist fein und sauber, die Landschaft nur spärlich angewendet, in der Regel keine tiefen Gründe, das seelische Leben ist viel mehr betont als in den späteren, immer decorativer werdenden Miniaturen Müelichs. Als sorgfältig durchempfundene Kunstwerke betrachtet, stehen diese Blätter höher als die späteren flüchtigen Miniaturen in den Psalmen und Motetten.

In Mappe I Nr. 8 derselben Sammlung befindet sich ein 16 cm. breites und 15 $\frac{1}{2}$ cm. hohes Blatt, welches eine Madonna mit Kind darstellt auf einem hellbraunen Schild, zu ihren Füssen ein Schild mit den bayrischen Wecken und Löwen. Sie blickt lächelnd über das Kind hinweg und hält ihm eine rothe Kugel zum spielen hin, ihr Ausdruck ist seelisch tief und innig. Dieses Blatt steht in der Mitte zwischen dem Heiligenkalender und den späteren Arbeiten.[1]

---

[1] Mappe I Nr. 7 Miniatur 10 cm. hoch, oval ausgeschnitten. Heiliger Christoph das Christkind durch das Wasser tragend, zu dem Kinde aufschauend, sein Kopf und das Kind auf dem Hintergrunde des hoch aufflatternden rothen Mantels. Dieses Blatt stammt aus der Zeit der

Miniatur von Hanns Müelich aus einem Heiligen-kalender im Kgl. Kupferstichkabinet zu München.
(Halmsche Sammlung.) Natürliche Grösse.

Aus dem Jahre 1539 stammt wieder ein Tafelbild Müelichs, eine Kreuzigung mit vielen Figuren, welche sich jetzt in Madrid befindet. Das Werk ist bezeichnet HM 1539 und nach Bayersdorfers mündlicher Mittheilung noch ganz in Altdorfers Weise ausgeführt.

III.

Von 1540 an sind drei Perioden im Leben des Künstlers zu unterscheiden. Die erste Periode reichte bis zum Jahre 1545. Aus dieser Zeit sind nur Bildnisse erhalten. Diese zeigen, so weit sie in Oel gemalt sind, ganz die „altdeutsche Manier", nach welcher die Leute in steifer gezwungener Stellung auf die Bildfläche gebracht werden. Die Züge giebt der Künstler in sorgfältiger Wahrheit mit jedenfalls trefflicher Aehnlichkeit. Wir sehen wohl das Fleisch aber nicht das pulsirende Leben darin, und das verleiht dem Antlitz eine gewisse Hölzernheit. Die Haare und der Bart sind mit minutiöser Feinheit und sehr naturwahr behandelt. In der Darstellung des Pelzwerkes an der Kleidung entwickelt der Künstler eine virtuose Fertigkeit, die sich jedoch nicht auffällig vordrängt, sondern sich dem Ganzen harmonisch einfügt. Von besonderer Schönheit und energischer Charakteristik ist die Behandlung der Hände.

Ein Bild in den kunsthistorischen Sammlungen des österreichischen Kaiserhauses zu Wien (Katalog Nr. 1624) stellt ein Mitglied der kaufbeurischen Familie Hörmann von und zu Gutenberg dar, wie das Wappen auf der Rückseite beweist. Bez. 1540 ⦃HM⦄ Holz, h. 78 cm, br. 62 cm. Halb-

Musikminiaturen. Mit demselben zusammengestellt eine andere ausgeschnittene Miniatur, ein gefesselter Mann ein Fass tragend, nicht von Müelich. — Das Madonnenblatt, der heilige Christoph und eine von einem unbekannten Künstler herrührende mit 1520 bezeichnete Miniatur (I Nr. 9) wurden von Halm dem Wolfgang Müelich zugeschrieben. — In Mappe XIV, Nr. 9495 befinden sich die Miniaturportraits sechs bayerischer Herzoginnen und der Herzoge Wilhelm IV. und Albrecht V. h. 17 1/4 cm, br. 11 1/2 cm. Die weiblichen Bildnisse von Hanns Schöpfer dem älteren, die beiden Herzoge wohl von Müelich. Gute lebendige Arbeiten.

6

figur lebensgross. Ein laut Inschrift (AETATIS SVÆ XXXX) 40
Jahre alter Mann geradeaus blickend mit viereckig beschnittenem
hellblondem Vollbart und kräftigem Schnurrbart. Den Kopf bedeckt
eine Kappe, die linke Hand hält die Schaube mit breitem gold-
gelb und braun gestreiftem Pelzkragen vor der Brust zusammen.
Wo sich die Schaube am Halse öffnet, sieht man das weisse, gold-
gelb gestickte Hemd und einen rothen Streifen des Unterge-
wandes. Die rechte Hand hält einen Rosenkranz. Im Hintergrund
eine dunkle Wand, links ein blaugrüner Vorhang, rechts Luft.
Das jugendlich frischgefärbte Gesicht mit seinen in die Höhe ge-
zogenen Augenbrauen und den starren Augen, welche davon
auch etwas im Leben müssen gehabt haben, lässt einen nicht
sehr weit blickenden, wohlwollenden und pflichttreuen Bürger
vermuthen, der treu im Glauben seiner Väter dahinlebte und gewiss mit nicht geringem Stolz sein stattliches Bildniss wird betrachtet haben. Die Farbe im allgemeinen hat wie auf den gleichzeitigen Münchener Bildnissen einen goldgelben Ton, sie gemahnt
an Amberger.[1]

Ein schon erwähntes[2] Bildniss vom Jahre 1540 ist verschollen.
Es befand sich zu Regensburg in der Sammlung Kränner und
stellte nach Nagler[3] die Frau und ein Töchterchen Müelichs dar.

Ein weiteres Bild von 1540 befindet sich in der Pinakothek
zu München. Der Katalog führt es unter Nr. 301 auf: „Bildniss eines schwarzbärtigen Mannes (des Patriciers Ligsalz?)[4] in der schwarzen mit Pelz ausgeschlagenen Schaube. Im
Hintergrund ein grüner Vorhang. Halbfigur nach vorn. Bez. auf
dem blaubedeckten Tische unter den Blättern einer Citrone mit

Jahrzahl und Monogramm 1540 ⋈ . Auf einem Zettel unter der

---

[1] Das Familienwappen auf der Rückseite ist ein schwarzer deutscher
Schild in Tartschenform mit goldenem sechsspitzigem Stern und goldenem
Halbmond, darüber ein Stechhelm mit geschlossenem Visir und schwarz
und goldener Helmdecke, aus dem Helme ragen schwarze Federn empor.
Ueber dem Wappen ein Spruchband mit den Worten «die genadt
gottes Sei mit vns allen», darunter ein anderes mit: «Hanns Mädl.»

[2] S. 73.

[3] Monogr. III, Nr. 1246.

[4] Die Ligsalz waren eine sehr angesehene alte Münchener Familie.
Die «Ligsalzische Gesellschaft» vermittelte (nach den Hofzahlamtsrechnungen) für den Herzog von 1551—1566 Geldgeschäfte. Grabsteine in
der Frauenkirche.

rechten Hand: ETATIS SVE XXXVIII. Holz. 0,80 m h.,
0,61 m. br. Vom Kurfürst Carl Theodor 1793 gekauft." Die
Fleischfarbe des Gesichtes ist sehr gut gegeben, aber dennoch liegt
darin eine unüberwindliche Starrheit. Die Hände sind wieder sehr
schön ausgeführt. Ausserordentlich wirksam ist die Farbenzusam-
menstellung: Die schwarze Aussenseite der Schaube, der braune
Pelzkragen derselben, darunter das schwarze, nur am Rande sichtbare, geöffnete Unterkleid, das weisse Hemd und der rothe Brust-
latz, dazu der grüne Vorhang als Hintergrund. Der Dargestellte
macht einen vornehm bürgerlichen Eindruck.

Das andere Bild Müelichs in der Münchener Pinakothek
Nr. 302 beschreibt der Katalog folgendermassen: „Bildniss
einer Frau in schwarzer Kleidung, die Hände auf den Leib
gelegt. Der grüne Vorhang des Hintergrundes lässt links den
Ausblick in eine Landschaft offen. Auf dem Parapet links Jahrzahl
und Monogramm 1542 I_M. Unten links an einer Tischecke: do
man 1540 zalt do wart ich 37 Jar alt. Seitenstück zu Nr. 301.
Holz 0,80 m h., 0,61 m br. Gleicher Herkunft wie das vorstehende
Bild". Die gleiche Dimension, die gleiche Herkunft und namentlich
die auf 1540, die Entstehungszeit des anderen Bildes der Pinakothek, bezügliche Inschrift lassen vermuthen, dass die Dargestellte
die Frau des dort Abgebildeten ist. Die Hässlichkeit des Antlitzes ist durch keine künstlerische Zuthat gemildert, vielmehr
lässt die geschmacklose weisse Haube, von der ein Theil vorn
herumgenommen das Kinn verhüllt, während ein darüber gelegter
Schleier die Stirn bedeckt, die Disharmonie der Gesichtszüge
noch mehr hervortreten. Das einfache schwarze Kleid verleiht
der Frau zudem noch ein spiessbürgerliches Ansehn. Mit grosser
Feinheit ist der blasse durchsichtige Teint der augenscheinlich
kränklichen Frau gegeben, ebenso die bleichen Hände mit den
durchscheinenden Adern. Trotzdem die Farbenstimmung sorgfältig
gewählt ist, bleibt sie wie das ganze Bild unerfreulich. Das beste
ist das kleine Stück Landschaft im Hintergrunde, welches den
Character der Regensburger Schule zeigt.

Vom Jahre 1543 befindet sich im Nationalmuseum zu
München ein Miniaturselbstbildniss Müelichs in einer
kleinen kreisrunden Elfenbeinkapsel. Der Durchmesser der Innen-
fläche beträgt 4 cm. Brustbild dreiviertel nach rechts gewendet.

Die schwarze Kappe ist zurückgerückt, ein blonder Bart umrahmt
das Gesicht. Der Blick richtet sich frei hinaus. Inschrift auf dem
blauen Grunde. HM ETATIS SVÆ 27. Sobald Müelich den
Miniaturpinsel zur Hand nimmt, zeigt er sich frei von den be-
engenden Fesseln, welche ihm die Oelfarbe auferlegte. Gerade
das Steife Unlebendige, welches seinen Oelbildnissen anhaftet, ist
hier überwunden und der Kopf zu lebensvollem Dasein gestaltet.
Dieses kleine Selbstbildniss ist ein künstlerisches Meisterstück.

In der Galerie des Fürsten Liechtenstein in Wien befindet sich ein männliches Bildniss unter Nr. 706. Holz,
h. 0,65 m, br. 0,48 m. Gut erhalten, einmal etwas restaurirt,
aber nicht übermalt. Ein alter bartloser Mann in Halbfigur, beide
Hände auf die Hüften gestützt, in grauem Arbeitskleid, welches
durch einen Lederriemen gegürtet ist. Auf dem Kopf eine schwarze
Kappe mit Ohrklappen. Fast ganz von vorn, etwas nach seiner
rechten Seite zu blickend. Grüner Hintergrund. Bez. SEINES
ALTERS 62 IAR. 1543. und Monogr. Frische lebensvolle Gesichts-
farbe, der Ausdruck nicht so starr wie sonst bei Müelich. Coloristisch
feine Wirkung des Fleisches und des Grau der Kleidung gegen
den grünen Hintergrund. Das Licht im Fleisch mit Weiss aufge-
höht, jedoch so, dass man es nur bei näherer Betrachtung sieht.
Die ganze Behandlung ist viel freier wie bei den Bildnissen vom
Jahre 1540, wahrscheinlich unter Einfluss der italienischen Reise.

Künstlerische Aehnlichkeit mit diesem Bilde hat ein Bildniss,
welches die Schleissheimer Gemäldegalerie unter den Ahnenbildern
als Nr. 78 aufbewahrt, und das von Bayersdorfer in seinem Katalog dem Hanns Müelich zugeschrieben wird. Es stellt Philipp
den Kriegerischen dar (geb. 1503, gest. 1548). Die Farben
sind hier noch wärmer, die Auffassung noch lebensvoller wie bei
dem vorbesprochenen Bilde, aber es muss von einem guten
Meister der Regensburger Schule herstammen, und Müelich ist
der einzige, dem man es zuweisen kann. Es ist seine beste
Leistung im Oelbildniss. h. 95 cm, br. 69,5 cm. Halbfigur. Der
Fürst an einem Tische stehend, nach links gewendet in rothem
Kleide mit braunem Pelzkragen. Unter dem geöffneten Pelz sieht
man das roth und gelb gestreifte Untergewand und das Hemd
mit einer goldgestickten Borte. Auf dem Kopfe trägt er ein
Barett von verschiedenfarbiger Seide, unter dem das braune lockige

Haupthaar hervorquillt. Das volle Gesicht mit den weichen aber dennoch höchst energischen Zügen, den scharf blickenden blauen Augen, der röthlichen von Wohlleben zeugenden Farbe trägt einen spärlichen Schnurrbart und wird von einem braunen halblangen Vollbart umrahmt. Die Hände sind flüchtiger behandelt, als es sonst Müelichs Art ist. Der dunkelgrüne Vorhang des Hintergrundes lässt links oben noch ein Stückchen Landschaft sehen. Eine Kirche, einige Häuser, dahinter blaue Berge. Die ganze überaus reiche Farbenstimmung erinnert noch an Müelichs Schülerverhältniss zu Altdorfer, die freie lebensvolle Behandlung weist das Bild in die Nähe des Bildnisses bei Liechtenstein, die künstlerische Vortrefflichkeit ist auf den Einfluss der italienischen Reise zurückzuführen, das Alter des Dargestellten ist etwa 40 Jahre, daher werden wir wohl nicht fehlgehen, wenn wir das Bild in den Anfang der vierziger Jahre des 16. Jahrhunderts setzen.

Ein anderes Bild der Ahnengalerie des Schlosses von Schleissheim Nr. 20 stellt Herzog Albrecht V. als 17jährigen Prinzen dar. Er macht jedoch einen um mindestens ein Lustrum älteren Eindruck. h. 86,5 cm, br. 65 cm. Bez. rechts neben der Figur H MIELICH 1545 und auf der Medaille am Barett HANNS MIELICH MALLER FECIT 1545. Der Prinz in Halbfigur etwas nach rechts gewendet in schwarzer Hoftracht, mit einem seidenen Mantel mit braunem Pelzkragen, schwarz auf weiss gestickten Manschetten und ebenso gesticktem Hemd. Die Linke ruht auf dem Degengriff, in der Rechten hält er die Handschuhe. Auf der Brust hängen zwei Kleinodien an goldenen Ketten. Als Kopfbedeckung ein goldgesticktes Barett. Hintergrund eine gemusterte dunkelolivgrüne Tapete. Die Erscheinung macht einen überaus noblen Eindruck. Feine Nase, feine Zeichnung der Augenbrauen, kleiner Schnurrbart und spärlicher Vollbart. Der Teint ist ausserordentlich zart, die etwas aufgeworfenen Lippen verkünden Energie. Das Porträt ist nicht unbedeutend, aber dennoch steif und unlebendig. Der Meister scheint auf sein Werk stolz gewesen zu sein, da er es zweimal mit seinem vollen Namen bezeichnete.

IV.

In der zweiten Periode seines Kunstschaffens (bis 1556) beginnt Müelich schon die Miniaturfarbe zu bevorzugen. Er bildet zunächst Goldschmiedewaaren ab. Da er auch die Entwürfe dafür meistens selbst geliefert hatte und auch für Harnischmacher zeichnete, übte er einen hochbedeutenden Einfluss auf das Kunstgewerbe aus.

Schon als Prinz zeigte Albrecht V. eine ganz besondere Vorliebe für die Goldschmiede- und Juwelierkunst und beauftragte Müelich bereits im Jahre 1546 seinen Schatz an Schmucksachen auf Pergamentblättern in Miniaturmalerei abzubilden. Diese Darstellungen sollten zunächst ein Inventar der vorhandenen Gegenstände abgeben, aber Müelich erhob sie zu selbständigen Kunstwerken. In geradezu wunderbarer Naturtreue, wie soeben aus der Schatulle genommen, liegen die Kleinodien da, mit aller ihrer Farbenpracht an Gold, Email, Perlen und edlem Gestein, darin sich der Glanz des Tages, durch das Fenster hereinfallend, spiegelt. Trotzdem die Malerei dem oberflächlichen Blick mit minutiöser Feinheit ausgeführt zu sein scheint, entdeckt man bei genauerer Betrachtung eine merkwürdig mühelose Pinselführung und eine Vernachlässigung aller genauen Masse, welche in Anbetracht der glücklichen Wirkung fast unglaublich ist.

Die grösseren Blätter befinden sich in der Sammlung v. Hefner-Alteneck. Herr v. H.-A. hat sie 1844, damals noch in Aschaffenburg wohnend, von dem Antiquar Kronacher in Bamberg gekauft, nachdem dieser sie kurz vorher vergeblich den Staatssammlungen in München angeboten hatte. Sie waren auf einem Dachboden in Bamberg gefunden worden und befanden sich in einem jämmerlichen Zustande. Den Bemühungen Hefner-Altenecks ist es zu verdanken, dass die Blätter vor dem Untergang gerettet und gänzlich wiederhergestellt worden sind. Sie bildeten ehemals einen Theil eines Pergamentfoliobandes, dessen übriger Bestand verloren gegangen ist. Die auf ihnen vorkommenden Jahreszahlen umfassen den Zeitraum von 1546—1555. Viele Blätter sind mit dem Monogramm HM be-

Kleinod im Besitz Herzog Albrecht's V.
Miniatur Hanns Müelichs aus dem kleinen Quartcodex in der Kgl. Hof-
und Staatsbibl. zu München. Natürliche Grösse.

zeichnet. Gefässe, Armbänder, Halsumlege, Agraffen, Pracht-
waffen sind dargestellt. Gold mit Diamanden, Smaragden, Rubinen, Perlen in verschiedenfarbigem Email. Auch ein silberner
Halsschmuck ist dabei: Die Formen zeigen meistens eine ent-
wickelte Renaissance von feinstem Geschmack. In den Ornamenten aus Bändern und Früchten oft kleine nackte Gestalten von
Email.

Nachdem Albrecht zur Regierung und damit in den Besitz
der Kleinodien seines Vaters gekommen war, liess er auch diese
in Miniatur von Müelich abbilden. In einem Pergamentbänd-
chen von kleinem Quartformat auf der Staatsbibliothek zu München, sind die im Jahre 1552 eingetragenen
Kleinodien ihrer Entstehungszeit nach meistens in die Zeit Wilhelms IV. zurückzudatiren, da sie merkbar ältere Formen zeigen.
1553—1555 wurden noch einige weitere wahrscheinlich neu ver-
fertigte Kleinodien hinzugefügt. Der Codex enthält 56 bemalte
Blätter; gewöhnlich stellt die eine Seite des Blattes die Vorder-
ansicht, die andere die Rückansicht des Schmuckgegenstandes
dar. Fast ausschliesslich sind es Kleinodien in Kapsel- oder Kreuz-
form, welche bestimmt waren an einer Kette um den Hals ge-
tragen zu werden: In einem Kranz von zackigen Blättern der
Ritter St. Georg den Drachen erlegend, von Edelsteinen zusammengesetzt. — Ein Ast biegt sich zum Kreise, Blätter zweigen
sich nach innen ab und lagern sich zwischen Perlen und Edelsteine. — Auf zackigen Blättern zu Rosen gruppirt Perlen und
Edelsteine. — Zwischen aufgerollten Bändern zu Bündeln geordnete Früchte, Ziegen- und Löwenköpfchen. — Nackte Figürchen
sitzen auf verschieden gestalteten Ornamenten. Die Rückseiten
zeigen in glatter Fläche entweder buntfarbige naturalistische Ornamente in Email, oder flache verschlungene Bänder und Linien.
— Ein Kleinod mit figürlichen Darstellungen in Email auf der
Vorder- und Rückseite, architectonischer Hintergrund aus Edelsteinen zusammengesetzt. — Ein grösseres Kleinod hat in der
Mitte das Monogramm I H S von schwarzen Edelsteinen gebildet,
darüber eine Krone, in den vier Ecken um die Buchstaben
die vier Evangelisten mit ihren Symbolen. Auf dem Querbalken
des H der nackte Jesusknabe mit der Weltkugel in der Hand.
Viele Edelsteine und eine Menge Perlen daran.

Jedenfalls hat Müelich für einen grossen Theil der Schmucksachen auch die Entwürfe geliefert. Einige farbige Darstellungen
auf Papier von seiner Hand (unbez.) befinden sich in der Sammlung v. Hefner-Alteneck, daneben auch einige Zeichnungen nur
in Umrissen, und Herr v. Hefner hat wohl nicht Unrecht, wenn
er behauptet, dass die Darstellungen auf Papier Entwürfe für die
Goldschmiede waren, die Müelich dann nach ihrer Herstellung in
Miniatur auf Pergament wieder abgebildet hat. Leider findet sich
keine der auf Papier entworfenen Sachen auf Pergament wieder.[1]

Das Quartbändchen in der Staatsbibliothek trägt auf der
ersten (Papier-) Seite in goldenen Buchstaben folgende Inschrift:
„Von Gottes Gnaden Albrecht der Fünfte dis namens Pfaltzgraue
bei Rhein Hertzog in Obern und Nidern Bayrn vnd Anna Pfaltz-
grauin bei Rhein Hertzogin in Obern vnd Nidern Bayrn geborne
Princesin Zu Vngern vnd Behem Ertzhertzogin Zu Osterreich etc."
Dann folgen auf dem ersten Pergamentblatt die vereinigten Wappen des Herzogs und der Herzogin in reichem Renaissancerahmenwerk mit allegorischen Figuren. Jahreszahl 1552. Monogr. HM. Auf der Rückseite desselben Blattes der Herzog und
die Herzogin beim Schachspiel. Sechs männliche und zwei weibliche Personen schauen hinter dem Tische stehend zu. Vorn auf
dem Tisch ein braunes und ein weisses Hündlein. Jahreszahl 1552.
Um das Bildchen ein Rahmen mit verschiedenen biblischen Inschriften. Unten HANS MVELICH FECIT. Lichtgrösse des Bild-
chens h. 11 $^1/_2$ cm, br. 10 $^1/_2$ cm.[2] Die kleinen Portraits — die
Köpfchen sind etwa 2 cm hoch — zeigen sehr grosse Lebens-
wahrheit und bilden in ihrer Gesammtheit ein bedeutendes Kunstwerk. Ausserordentlich fein beobachtet ist der sinnende auf das
Schachbrett gerichtete Blick des Herzogs, der schon eine Figur
anfasst, um sie zu versetzen, aber sich noch bedenkt. Auch bei
den andern Personen ist auf dem kleinsten Raum vollendete Cha-
racteristik gegeben.

Die Umrahmungen, welche die einzelnen Schmuckgegenstände,

---

[1] Einige Blätter abgebildet in: « Hefner-Alteneck, die Geräth-
schaften des Mittelalters und der Renaissance.»
[2] Nachgebildet bei Aretin: Alterthümer und Kunstdenkmale des
bayerischen Herrscherhauses. München 1854—74.

sowohl in dem kleinen Quartcodex. als auch auf den grösseren
Blättern, umgeben, lassen schon den künftigen Meister der de-
corativen Illustration ahnen. Sehr geistreich in Farbe und Form.
Von köstlicher Feinheit sind einige Grotesken, die wohl italienischen
Erinnerungen ihren Ursprung verdanken.

Auf dieses Miniaturwerk bezieht sich wahrscheinlich die Notiz
in der Hofzahlamtsrechnung von 1554. „Itē den 17 ten Septembris Bezalt Maister Hannsen Muelich Maler vmb Arbait 200 fl.“[1]

Der Antheil, welchen Müelich an den Entwürfen für die
Prachtrüstungen der französischen Könige hatte, ist wohl
nur ein geringer, und gerade die schönsten und für die Metall-
technik am passendsten erfundenen unter den erhaltenen Zeichnungen lassen sich ihm nicht zuweisen. Dr. v. Hefner schreibt
ihm die von ihm publicirten Zeichnungen Tafel IV B, VA, XIV N.
XVII zu. Darüber kann man nicht hinausgehen. Es ist auch nicht
wahrscheinlich, dass unter den verlorenen Zeichnungen der Pro-
centsatz der von Müelich herrührenden ein viel grösserer gewesen
ist, denn seine Zeichnung war für solche Entwürfe viel zu un-
ruhig, als dass die danach arbeitenden Plattner und die Auftrag-
geber hätten davon sehr befriedigt sein können.[2]

In diese Periode gehört auch der einzige Holzschnitt,
für welchen Müelich die Zeichnung geliefert hat, denn mehr dürfen
wir ihm daran sicherlich nicht zugestehn. Der sehr seltene Holzschnitt stellt das Feldlager Karls V. vor Ingolstadt im
Jahre 1546 dar und kam 1549 heraus: „Gedruckt in der lobli-
chen und Fürstlichen Statt München durch Christoph Zwickhoff
und Hanns Muelich Maler.“ Das Werk besteht aus 16 Blättern

---

[1] Fickler's Inventar der Kunstkammer 1598 Nr. 157 «Ein buch in
bretter mitt rottem sammat überzogen und blaichgemalltem silber beschlagen, darinnen Herzog Albrechts von Bayrn und Sr. F. g. Gemahels
Kleinoter conterfeyt, durch Maister Hannsen Mielich gemacht».

[2] Ueber den Entwurf eines Pokales für die Nürnberger Patricier-
familie Imhof s. Zeitschrift des Vereins zur Ausbildung der Gewerke
in München. 1865. S, 15.
Der Entwurf zu dem Prachtschwert Kaiser Karls V. in der Am-
braser Sammlung kann nicht. wie behauptet wird. von Müelich herrühren, da das Schwert (nach Sighart S. 704 Anm. 2 und Zeitschr. f.
Ausbild. d. Gewerke 1866, S. 5) schon 1530 von Ambrosius Gemlich
ausgeführt worden ist. (Mündliche Mittheilung von H. Dr. Heinrich
Pallmann.)

gr. fol. und gr. qu. fol., zusammengesetzt misst das Bild selbst,
in der Höhe 88 cm und in der Breite 306 cm. Die Höhen-Di-
mension wird noch durch eine 20 cm hohe und die ganze Breite
einnehmende Inschrift vergrössert. Von diesem Holzschnitt wurden
zwei Ausgaben gedruckt, die eine mit lateinischem, die andere
mit deutschem Text. Ein Exemplar der letzteren Sorte, freilich
durch schlechte Ausmalung gänzlich entstellt, findet sich z. B.
auf dem Rathhause zu Ingolstadt. „Das kaiserlich geleger" ist
halb aus der Vogelperspective „von vnser lieben frawen Kirch-
durm abconterfedt worde durch Hanns Muelich Maler von München." Der Holzschnitt bildet mehr eine Orientirungstafel, als ein
künstlerisches Werk. Ausführlich beschrieben von C. Becker in
Naumanns Archiv f. d. zeichnenden Künste I, S. 130 ff.

Eine kleine O e l s c i z z e a u f H o l z i m M ü n c h e n e r Na-
t i o n a l m u s e u m stellt den K o p f d e r L e i c h e H e r z o g
W i l h e l m IV. dar. Oben links steht: DEN 7 TAG MARCI
1550 HM. Guillielmus Princeps Bojum gloria prima hoc animam
vultu misit ad astra Suam. Der Kopf des Herzogs ist liegend von
oben gesehen. Weisse Kissen umgeben das gelbe verzerrte Gesicht
mit den offenen gebrochenen Augen. Die Pinselstriche sind schnell
hingeworfen und obgleich die Züge jedenfalls ausserordentlich
wahr sind, zeigt sich doch jene unüberwindliche Hölzernheit, von
welcher sich Müelich bei Oelfarben meist nicht frei machen konnte.

Leider hängt die interessante C o p i e Müelichs n a c h d e m
j ü n g s t e n G e r i c h t v o n M i c h e l a n g e l o in der Sixtinischen Kapelle zu Rom noch immer in dem dunkeln Winkel
unter dem Sängerchor der Frauenkirche, wo sie selbst an
den sonnenhellsten Tagen nicht deutlich zu betrachten ist.
Sie kam dorthin nach Abbruch der Franziscanerkirche. [1] Am
25. December 1541 war das Gemälde Michelangelos enthüllt
worden. [2] Müelich fertigte wohl in Folge des gewaltigen Eindruckes,
den das Werk auf ihn machte, so viele Skizzen davon an, dass

---

[1] Hoffentlich geht der Wunsch, den schon Bayersdorfer in den
«Münchener Blättern für Literatur und Kunst» 1886 Nr. 3 S. 42 ausgesprochen hat, dass das Gemälde in das Nationalmuseum überführt
werde, nach Vollendung des jetzt für diese Sammlung entstehenden
Neubaues in Erfüllung.
[2] Vasari-Milanesi VII. S. 387.

er später, wie Bayersdorfer nachgewiesen hat, in München eine verkleinerte Copie davon herstellen konnte. h. 13 S. 7 Z., br. 8 S. 5 Z. (Halm Mater. Mf. 103). Nicht sclavisch, sondern frei hat er die Copie aufgefasst, und namentlich seine eigene Farbengebung an die Stelle der italienischen treten lassen. Das war Müelichs Weise. Wir finden auch in dem Psalmenwerk die Motive anderer Meister stets frei verwerthet und sowohl in Farbe, als auch in Form dem vorliegenden Zweck angepasst. An der Tafel mit dem jüngsten Gericht ist unten ein eben so breites und 2 S. 8 Z. hohes Stück angefügt, welches den Kanzler Leonhard von Eck, dem das Gemälde von seinem Sohne als Grabtafel gestiftet wurde, mit seiner Gemahlin in reicher Renaissancearchitectur darstellt. Zwischen ihnen ein liegendes Crucifix in meisterhafter Verkürzung. Bez. MDLIIII Joannes Mielichius Monachi: Civis. A: A: D: Leonhard von Eck war am 17. März 1550 in München gestorben und in der Franziscanerkirche begraben worden. [1]

Vom Jahre 1553 stammt ein lebensgrosses Bildniss des Herzogs Albrecht in ganzer Figur, jetzt im Wilhelmsgymnasium zu München. Es stellt den Fürsten in spanischer Hoftracht mit Barett und der Ordenskette vom Goldenen Vliess dar. Hinter ihm liegt ein sehr verzeichneter Löwe, links neben ihm steht ein braunes Hündchen. Hintergrund links röthliche Marmorsäulen, rechts ein rother durch eine goldene Schnur geraffter Vorhang. Ausser mit einer längeren Inschrift bez. Johanes Müelichius Fecit 1553. Wohl das unerfreulichste Portrait, welches der Künstler geliefert hat. Diesen Dimensionen war sein im Kleinen so geistreicher und gewandter Pinsel nicht gewachsen.

Trotzdem musste er dieses Bild noch einmal wiederholen und als Seitenstück dazu die Herzogin malen. Die beiden Gemälde befinden sich in den kunsthistorischen Sammlungen des österreichischen Kaiserhauses zu Wien. Katalog Nr. 16 $^{25}/_{26}$. Beide auf Leinwand. h. 209 cm, br. 111 cm. Die Figur des Herzogs, der Löwe und das Hündchen sind genaue Copie, nur der Hintergrund ist verändert. Ein blauer Vorhang mit goldenen Granatapfelmuster

---

[1] Oberbayr. Arch. X, S. 190.

fällt gerade herunter, rechts die Ecke eines roth bedeckten Tisches, welche beide sich auf dem Bilde der Herzogin fortsetzen. Der Herzog trägt einen langen Vollbart, kräftigen Schnurrbart und kurzgeschorenes Haupthaar, er ist fast von vorn gesehen, nur ein wenig nach seiner Linken gewandt, die Herzogin macht die entgegengesetzte Wendung. Er hat die linke Hand auf den Degengriff gelegt, die herunterhängende Rechte hat das Mäntelchen gefasst. Die Farben der Tracht sind schwarz und weiss. Schwarze Sammtkappe, schwarze westartige Jacke, in deren Längsschlitzen blauweisses Futter, weisse Aermel, weisse Pumphosen, weisse Beinlinge, weisse geschlitzte Schuhe, graue Handschuhe, um den Hals die Kette des Goldenen Vliesses, Hängetasche. Die Goldschmiedearbeit ist mit derselben Virtuosität wiedergegeben wie in den Miniaturen. Inschrift: ALBERTVS DVX BAVARIAE AN. ÆTA. (Jahrezahl ausgelassen.) 1556 H : MIELICH P.

Die Herzogin ruhig neben dem Tisch stehend trägt auf dem Kopf ein schmuckbesetztes flaches Barett, die Haare sind von einer perlenbenähten Haube zusammengehalten, an beiden Schläfen treten, die Ohren verbergend, hellblonde Haarpuffen hervor. Auf dem Tisch steht eine astronomische Uhr, ein Glas mit zwei edeln Schneeglöckchen, daneben liegt ein rothes Kissen und auf diesem das roth und braune Hündchen der Herzogin. Auf dessen Rücken hat sie die blosse rechte Hand gelegt, die bekleidete Linke hält den Handschuh der andern und fasst den Muff (Flohfänger, v. Hefner-Alteneck besitzt eine Miniatur Müelichs nach demselben). Die Herzogin ist mit einem rosa und weiss gemusterten vom Hals bis auf die Füsse sich zuckerhutförmig erweiternden Gewand bekleidet. Darüber trägt sie einen schwarzseidenen vorn geöffneten Mantel, welcher überreich mit Gold und Silber gestickt ist, oben schliesst er mit einer Halskrause fest um den Hals, an den engen Aermeln weisse Handkrausen. Goldene mit Edelsteinen und Perlen besetzte Halsumlege, daran ein ebensolches Kleinod mit einer Hängperle. Auf der Brust am Gewande befestigt noch ein ähnliches Kleinod. Der Muff hängt an einer reichen schmalen Kette um die nicht markirte Gegend der Taille, daneben an einer reichen Schnur von Gold und Edelstein eine goldene fast bis auf den Boden reichende Quaste. Auf dem Sockel einer Steinsäule rechts im Hintergrunde ein Stieglitz. Inschrift:

1556 H. MIELICH F: ANNA DVCISSA BAVARIÆ AN. ÆTA.
(Jahrezahl fehlt.) Die Gesichter auf beiden Gemälden sind hölzern
und unlebendig, auch geradezu verzeichnet. In der Figur des
Herzogs sind die Knie zu weit oben. Die Personen werden noch
unlebendiger durch den Gegensatz zu den Kleinodien und Sticke-
reien, die in greifbarer Wirklichkeit mit eingehender Liebe dargestellt sind wie in den Miniaturen.

V.

Die dritte Periode in Müelichs Thätigkeit, in welcher er
sich fast ausschliesslich der Miniaturmalerei zu decorativer Bücher-
illustration hingiebt, beginnt mit dem Jahr 1557. Aus dem Jahr 1559
aber ist noch ein Oelbildniss zu verzeichnen. Es befindet sich
in der Galerie des Consul Ed. Weber in Hamburg und
stellt einen Angehörigen der Münchener Familie Ligsaltz dar. Halbfigur, fast von vorn, etwas nach rechts blickend. Schwarzes Untergewand, darunter rother Latz, am Halse sichtbar weisser Kragen,
darüber mit Pelz besetzte schwarze Seidenschaube. Kopfbedeckung
Pelzkappe, darüber hoher schwarzer Filzhut. Mit der linken Hand
hält er die Schaube zusammen, in der rechten hat er ein Blatt
Papier. Das Gesicht hat gekniffene Züge. Hintergrund grüner Vorhang, welcher rechts oben neu aufgemalt ist; unter der Ueber-
malung das Wappen, ein rother deutscher Schild mit weissem
rechtem Schrägbalken, in demselben ein aufwärts gerichteter schwarzer Pfeil. Dabei die Inschrift ÆTATIS SVÆ 59. Bez. links unten
1559 HM. Auf dem Siegelring ist das Wappen umgekehrt, darüber die verkehrten Buchstaben MO. Die coloristische Wirkung
ist sehr fein. Holz. h. 85, br. 66 cm. Herr Consul Weber hat
das Bild 1886 aus der Sammlung Dr. Sterne in Wien gekauft.
Abgebildet im Auctions-Katalog von H. O. Miethke. [1]

---

[1] Ueber die mittlere Periode in Müelichs Thätigkeit geben die
Hofzahlamtsrechnungen noch folgende Notizen: 1554 A. s. B. d. (Aus
sonderm Befehl des) Herzogs: Itē den 20sten februarii bezahlt maister
Hannsen Muelich Maler 62 fl 4 ß 1 ₰ 1555 A. s. B. d. Hzgs: Item
den 25sten Januarij bezalt Maister Hannsen Muelichen Maler vmb
allerley Arbait 55 fl. Aus f. Beuelch Maister Hannsen Muelich Maler
Zue gestellt 40 fl.

Im Jahre 1557 verzeichnen die Hofzahlamtsrechnungen folgende Miniaturmalerei Müelichs: „Anndreen Staudenmair Chammer Canntzleischreiber genadengelt darvmb er meiner gdsten frauen Ain (!) Petpuchl geschrieben 17 gldn 1 ß. Mer bezalt dem Hannss Muelich Maller von Obemelten Zweyen (!) Petpuechln Zu Illuminiern 8 gldn.[1]

Schon bei der Abbildung der Kleinodien hatte der Herzog wohl das bedeutende Talent Müelichs zur decorativen Miniaturmalerei erkannt, und dieses eine oder diese zwei Gebetbüchlein, welche Müelich für die Herzogin malte, und die leider verloren gegangen sind, mussten ihm ein neuer Fingerzeig sein, auf welchem Gebiet er den Künstler zu beschäftigen hatte, wenn er seine höchsten Leistungen gewinnen wollte.

Die Niederschrift einiger der von ihm so sehr geliebten Musikwerke, wollte der Herzog in monumentaler Weise auf die Nachwelt kommen lassen. Deshalb beauftragte er Müelich mit der Herstellung von Miniaturmalereien mit sich dem Text anschliessenden Bildern als Randdecoration in grossen Pergamentbänden, welche Motetten des Cyprian de Rore und Psalmen des Orlando di Lasso in Noten enthielten.[2] Bereits im December 1559 war der erste Band mit den Motetteten des Cyprian de Rore fertig.[3] Im grössten Folioformat (h. 62 cm, br. 44 cm) fasst das Werk 304 Seiten, von denen jedoch nicht jede mit Miniaturen geschmückt ist. Bildliche Darstellungen befinden sich nur zu Anfang jeder Motette oder jedes Theiles einer solchen, je nach dem fünften unbemalten Blatte etwa, auf zwei gegenüberstehenden Seiten. Das Werk beginnt mit mehreren als Vollbildern behandelten Seiten.

S. 1 bringt eine Inhaltstafel in einfacher Umrahmung mit wenigen Verzierungen.

Die folgenden Seiten mit überaus reichem Rahmenwerk.

S. 2. Das bayrische Wappen.

---

[1] Unter dem Jahre 1557 findet sich noch folgende Ausgabe: »d. 7. May Bezallt Hannsen Muelich Maller Von ainem in hörweer Wappen zu mallen 4 fl (Einz. Ausg.)».

[2] Aufbewahrt im Cimeliensaal der Staatsbibliothek zu München.

[3] Handschriftliche Erklärungen Quichelbergs letzte Seite. »A prictore Johanne Muelich absolutae picturae Anno 1559 Mense Decēbri.»

S. 3. Das Brustbild des Herzogs in einem ovalen Felde von 20 cm Höhe und 16 cm Breite.

S. 4. Das Brustbild der Herzogin, eben so.

Diese beiden Portraits sind von ausgezeichneter Wahrheit. Namentlich dasjenige des Herzogs in der grossen Auffassung, welche dieses kunstliebenden Fürsten würdig ist. Das Fleisch ist nicht lebensvoll, aber dennoch hat der Künstler den kräftigen Geist, der aus den tiefblauen Augen und von der hohen Stirn leuchtet, trefflich wieder zu geben gewusst, und die Belebung des Antlitzes im allgemeinen ist anders als bei den Oelportraits gut gelungen.

S. 5 giebt das österreichische Wappen.

S. 6 eine Inschrifttafel, welche in lateinischer Sprache besagt, dass der Herzog dieses Buch zu ewigem Nachruhm herstellen liess. Anno MDLIX.

Den Schluss bilden wieder zwei als Vollbilder behandelte Seiten.

S. 303. In der Mitte eine Tafel mit einer Inschrift in Bezug auf den Componisten und den Maler. Darüber eine bildliche Darstellung der Anecdote von dem Schuster, der ein Kunsturtheil abgeben will (Ne sutor ultra crepidam). Darunter das Selbstbildniss Müelichs in ovalem Rahmen. h. 13,5 cm br. 10,5 cm. In Dreiviertel-Wendung nach rechts mit kurz geschorenem Haar: Schnurrbart und gestutztem Vollbart, den Beschauer anblickend.

S. 304. Innerhalb eines Rahmens von kräftigen architectonischen Formen mit Säulen und Giebeldach in einem ovalen Felde (h. 23,5 cm br. 18,5 cm) wohl das vorzüglichste Bildniss, dass Müelich geschaffen hat. Es stellt laut Inschrift den Cyprianus de Rore musicus dar. Der charactervolle, geradeaus blickende Kopf mit dem spärlichen Schnurr- und Vollbart ist vortrefflich modellirt. Die grossen blauen Augen schauen lebendig aus dem Bilde heraus.

1560 malte Müelich wieder Gebetbüchlein für die Herzogin, welche nicht erhalten sind. Die Hofzahlamtsrechnung besagt: „Hannsen Muelich Maller bezallt umb Arbait so er in sechss klainen geschriebenen Meiner g. fürstin und frauen Petpuchlin verferttigt. 35 fl." Zwei der Bücher wurden von dem Goldschmidt Albrecht Kraus beschlagen: „Mer bezalt Albrechtn Krausn

Goldschmidt umb arbait so er an Zwaien Irn f. g. Petpuechlen
verferttigt 115 fl. 6 ß. 27 ₰."

In demselben Jahre machte Hanns Müelich noch eine mehr
handwerkliche Arbeit in Gemeinschaft mit Melchior Bocksberger
und erhielt dieselbe Summe wie dieser: „Mer bezalt Hannsen
Muellich maler von dreien himeln über peth gemacht unnd ge-
mallen 16 fl." (Unter „Handwercksleute und Einziges des Hauskämmerei.") Eine andere Arbeit scheint auch nicht der hohen
Kunst angehört zu haben. „Mer bezallt Hannsen Muelich Maller
umb allerlay Arbait so Er aus der f. herrn Camer Räth Beuelch
verförttigt 20 fl. (Eintzige Ausgaben)."

Ueber die Arbeiten der Jahre 1561 und 1562 für den Hof
haben wir auch nur ganz kurze Notizen. 1561 „Mer bezalt
Maister Hannsen Muelich Maler vmb arbait fur mein g. fraw 60 fl."
1562." Mer bezallt Maister Hannsen Muelich Maler vmb Arbait fur
mein g. herrn 19 fl. 4 ß. It. bezallt Hannsen Muellich Maler vmb
Arbait gen Starnnberg 6 fl." Vielleicht können wir auch folgende
Notiz von 1562 auf Müelich beziehen, da wir ja durch Quichelberg
wissen, dass er von seinem Grossvater her auch Vincenz genannt
wurde: „It. bezalt Maister Hanns Zennzn Maler für Zerung
nachdem er von hier aus gen Augspurg erfordert worden. 4 fl."

Schon in diesen Jahren muss der Künstler an dem Psalmenwerk des Orlando di Lasso gearbeitet haben. Nach Vollendung der Motetten wählte der Herzog 7 Busspsalmen und
2 Lobpsalmen seines berühmten Capellmeisters aus und liess sie in
zwei noch prächtigeren Pergamentbänden [1] aufzeichnen und von
Müelich mit Malereien in Miniatur versehen. Nicht nur die Anfänge
der einzelnen Gesänge, sondern jede Seite ist damit auf das reichste
geschmückt. Die ersten Seiten sind wieder zu Vollbildern verwendet:
In reichsten Renaissancerahmen zeigt

S. 1. Den Titel des Buches mit der Jahreszahl MDLXV.

S. 2. In einem ovalen Felde (h. 23,5 cm, br. 15 cm) Albrecht
stehend als Ritter des goldenen Vliesses.[2]

S. 3. In der Mitte das bayerische Wappen, ringsum die
86 Wappen der bayerischen Klöster, Pröbsteien und Stifte.

---

[1] h. 59 cm, br. 44 cm.
[2] Reproducirt bei bei Aretin Alth. und Kunst. etc.

S. 4. Stellt den Georgssaal der neuen Veste dar. Der Herzog auf dem Throne sitzend, umgeben von seinem Hofstaat, empfängt fremde Gesandte.

S. 5. In reicher Umrahmung eine Tafel mit dem Inhaltsverzeichniss.

Zu Schluss des Bandes

S. 222. Wieder ein Vollbild mit einer grossen Inschrifttafel über Orlando di Lasso und Hanns Müelich. Zu beiden Seiten in kleinen ovalen Feldern (h. 10,5 cm, br. 8,5 cm) die Brustbilder der beiden Gerühmten. Links Orlando di Lasso, rechts Müelich mit kurz geschorenem spärlichem Haar und grossem grauem Vollbart.

Die letzte Seite zeigt eine Janusherme, welche nach dem zweiten Bande hinübersieht.

Der erste Band war 1565 vollendet, wie die Jahreszahl auf der wahrscheinlich zuletzt gemalten S. 1 angiebt. Bereits 1564 wird eine Abschlagszahlung auf das Werk verrechnet: „Aus Sonndern furstlichen Beuelch Ist Hannsen Mielich Maler auf Arbait vnnd Zumachung aines gesanngPuechs vermüg seiner ybergebnen bekhanntnus In Zehen malen bezalt worden 1000 fl." und 1565 „Mielich Malers gesellen drinckhgelt od. vererung 12 fl."

Am zweiten Bande der Psalmen arbeitete Müelich 5 Jahre. Ueber der nach dem ersten Bande zurückschauenden Janusherme der ersten Seite steht Inceptus est autem hic seds tomus die lunae post Jacobi Anno MDLXV, auf den Stufen des Postamentes die Jahreszahlen von LXVI—LXIX. Auf anderen Blättern kommt noch die Jahreszahl 1570 vor.

S. 2 enthält in reichem Rahmen eine ähnliche Inschrift wie der erste Band auf der ersten Seite.

S. 3 stellt den Herzog auf dem Throne mit dem männlichen Hofstaat dar.

S. 4. Die Herzogin auf dem Throne mit dem weiblichen Hofstaat.

S. 5. Das bayrische Wappen und diejenigen der Stände Jahreszahl 1570.

S. 6—9. Grosse Wappentafeln.

S. 10. In reichem Rahmen die Inhaltsangabe. Jahreszahl 1565.

S. 185. Das Innere der Georgskapelle, Blick auf den Hochaltar.

7

S. 186. Dieselbe Kapelle nach der andern Seite.

S. 187. Das herzogliche Orchesterpersonal im Georgssaale.

S. 188. Bildniss des Orlando di Lasso, stehend in ganzer Figur, nach rechts gewendet, in viereckigem Felde h. 26. cm, br. 16 cm.

S. 189. Oben in ovalem Felde (h. 7,5 cm. br. 5,5 cm) Selbstbildniss Müelichs mit der Inschrift: Effigies Joannis Mielichii Pictoris Monacensis Aetatis suae an° LV 1570. Darunter sein Wappen und einige lateinische Distichen, in welchen er bittet, wenn das Werk gut gerathen ist, das Lob nicht ihm, sondern Gott zu ertheilen. Unterhalb eine grosse Tafel mit derselben langen Inschrift, welche auch S. 222 des ersten Bandes enthält. Jahreszahl 1570.

Zu den Malereien aller drei Bände verfasste der gelehrte Leibarzt des Herzogs, der Belgier Samuel a Quichelberg,[1] erläuternde Erklärungen, welche in drei kleineren Pergamentbänden (h. 38,5 cm, br. 26,5 cm) zu den Motetten durch Andreas Staudenmaier,[2] zu den Psalmen durch Mathias Friesshamer kalligraphisch aufgezeichnet wurden.

Der Erklärungsband zu den Motetten enthält an Miniaturmalereien nur auf der ersten Seite das bayerische Wappen. Die Bände zu den Psalmen jedoch sind mit den Portraits der bei dem Werk beschäftigt gewesenen Personen verziert. Auch sie enthalten auf der ersten Seite das bayerische Wappen. Auf der letzten Seite zeigt der erste Band 2 Portraits in ovalen Rahmen (h. 11 cm, br. 7,5 cm) mit den Umschriften 1) Samuel a Quichelberg Belga hanc psalmorum declarationem fecit. 2) Mathias Frieshamer Monachiensis haec omnia hac transcripsit. Darunter auf einem Täfelchen: Anno dni MDLXV Mense Septembri absoluta. Der

---

[1] Darf man auf das Erklärungswerk Quichelbergs folgende Notiz in der Hofzahlamtsrechnung 1570 beziehen? «Mer so ist auf fu beuelch dem Leonn QuickhlPerger Nachdem er ein werckh Unnderhannden de A° 67 auf Rechnung beZalt 12 fl. Mer A° 68 In Zwei malen 130 fl. thuet Zesamen 142 fl».
I. P. Beierlein führt im Oberb. Arch. X, S. 186 f. eine Medaille an, welche auf Quichelberg angefertigt wurde.
[2] Andreas Staudenmaier war 1552 Canzeleibeamter mit einem Jahrgehalt von 20 fl. 1560—62 finden wir ihn als Hofmeister bei den fürstl. jungen Fräulein und dem jungen Herzog Ernst, welche er wahrscheinlich in Elementargegenständen unterrichtete. 1573 Qu. Rem. wird er vom Hofe beurlaubt, d. h. seiner Stellung enthoben.

zweite Band bringt auf der letzten Seite 4 Bildnisse in ovalen Rahmen (h. 9 cm, br. 7 cm). 1) Casparus Lindelius I. V. doctor suae Cels. a consiliis et secretis. 2) Mathias Friesshamer Monacen. in memranis totum hoc opus propria manu exscripsit. 3) Georgius Seghkein Ungarus aurifaber claustris exornavit. 4) Casparus Ritter hoc opus illigavit. Die Portraits sind schnell hingeworfen und wollen weiter nichts als die Züge der Betreffenden richtig wiedergeben.

Ueber die prächtigen mit vergoldetem Silber und Email beschlagenen Einbände s. unter Goldschmiedekunst S. 61 f.

1566 empfing Müelich auf das Werk die zweite Abschlagzahlung: „Auf Sonndern Beuelch meines genedigen fursten vnd Herrn ist Hannsen Müelich Malern alhie auf arbait vnnd Zumalung Aines gesanngPuechs vermig Vbergebner bekhanntnus auf vorige emPfanngene 1000 gld. bezalt worden 800 fl."

1571 geschieht die Restzahlung: „Nachdeme meinem genedigen f⁸ vnd herrn herzog Albrechtn in Bairn ec. durch Hannsen Müelich Maler Vnnd Burger Alhie Zway grosse gesang Püecher mit seiner Arbait bis auf heut dato den 27. January Anno 71 veruerttigt, Welche Zway Püecher halten 414 halbe Pletter oder scitten genendt, Ist sein Anforderung von Ainem halben Plat Zechen gulden die in Ainer Summa treffen 4140 fl. Darauf Ir fürstlich gnaden mit Ime Mielich AbPrechen auf 3800 fl⁸ die dann auf f. Beuelch Bey derselb. Cammer bezalt worden, wie volgt. Erstlichen durch Connradten Zeller dero Zeit gewestnem Zalmaister die ehr dann Auch in sein Rechnung de Anno 64 für Ausgab schon EingePracht 1000 fl. Mer durch mich 800 fl. so Ich gleichfals für Ausgab in Rechnung de Anno 66 eingePracht. Der Vberrest ist durch mich Zalmaister An heut Auch beZalt. Derhalben ehr mir hiemit in Ausgab Passieren solle thuet vermig der Vrkhundt 2000 fl." Diese endgültige Abrechnung wurde auch bei den Aufzeichnungen über die Ratenzahlungen bemerkt. 1571 aber wird noch angegeben „Mielich Malers gesellen verErung von wegen der Zway gemachten gsanng Püecher 16 fl."

Für die Summe, welche der Fürst dem Künstler abgesprochen hatte, wurde ihm ein Leibgeding von 100 fl. jährlich ausgesetzt. Er emfing es bis zu seinem Tode zwei Jahre darauf. Dann erscheint jährlich unter der Rubrik „Leibgeding" die Notiz: „Eli-

sabethin Mielichin beZallt so ein Erkhauft Leibgeding von Irem
Hauswiert Hannsen Müelich Maler seligen ist. 50 fl."

Die einzelnen Seiten in allen drei Pergamentbänden haben
ein willkürliches Rahmenwerk, welches die Noten mit dem
Text umgiebt, und bald oben, bald unten, bald rechts, bald
links mit grösseren oder kleineren Theilen in den Raum für das
Geschriebene hineinragt. Zuweilen geht es über seine Bestimmung
als Einfassung so weit hinaus, dass der untere oder obere Rand
die halbe Seite einnimmt und Raum für grössere Bilder gewährt.
Gewöhnlich sind die Darstellungen in den allerverschiedensten
Grössen mit meist ganz unregelmässiger Begrenzung in das Rahmenwerk selbst eingefügt. Die Formen des letzteren sind, wenn, wie
es meistens geschieht, Holzschnitzerei dargestellt werden soll, diejenigen der deutschen Renaissance. Gothische Elemente vereinigen
sich hin und wieder damit in ungezwungener Weise. Dazwischen
hängen reiche Frucht- und Blumenschnüre herab, reizende Putti
spielen darin. Nackte menschliche Gestalten, phantastische Fabel-
wesen tragen die reichen Voluten oder sind darauf gelagert. In
Nischen stehen ernste Gestalten. Die Vögel des Himmels aber
und die Thiere des Feldes und Waldes beleben Voluten, Blumen,
Früchte und Laub. Die Fülle der geistreichen Einfälle, der hübsch
erdachten Spielereien und der feinen Beziehungen ist gross. Jede
Seite bringt darin neues, und jede Form überrascht.

Die Bilder schliessen sich der Gedankenfolge des Textes an,
illustriren ihn bei den Motetten durch Beispiele aus dem jüdisch-
christlichen und dem heidnischen Geschichten- und Sagenkreise,
je nach dem Thema der Motette. Bei den Psalmen kommen nur
biblische Scenen zur Darstellung. Oft führen die Bilder die Gedanken des Textes selbständig weiter aus. Die Raumfüllung ist
immer neu und immer erschöpfend. Das Hauptgewicht aber ist
auf die Farbe gelegt, weil dadurch die decorative Wirkung hervorgerufen wird, und mit grosser Meisterschaft hat der Künstler
in der überaus reichen Farbe stets wohlthuende Harmonie er-
zeugt. In den prächtigsten Costümen bewegen sich die Han-
delnden der biblischen, wie der profanen Scenen. Der Hintergrund öffnet den Blick meist in weite Landschaften; die Ferne
zeigt jene tiefe Bläue, welche der Regensburger Schule eigen-
thümlich ist. Die Farbe ist häufig zu grösster Intensivität gesteigert.

Ein Theil der Verzierung von S. 172 im ersten Band der Busspsalmen des Orlando di Lasso von Hanns Müelich. Text und Noten gehören zum 4. Busspsalm Contra luxuriam: Miserere mei Deus secundum magnam misericordiam tuam (Psalm 50). Die bildlichen Beispiele dazu sind die Genesis (6 u. 19) und der griechischen Mythologie entnommen. Das oberste Bildchen illustrirt die Worte (Genesis 6, 2 u. 4), „da sahen die Kinder Gottes nach den Töchtern der Menschen, wie sie schön waren und nahmen sie zu Weibern, welche sie wollten. Es waren auch zu der Zeit Tyrannen auf Erden; denn da die Kinder Gottes die Töchter der Menschen beschliefen und ihnen Kinder zeugten, wurden daraus Gewaltige in der Welt und berühmte Leute." Auf der Rechten, nicht abgebildeten Hälfte des Blattes ist Leda mit dem Schwan dargestellt. Im Rahmen zu oberst Gott, wie er zu Noah sagt (Genesis 6,13): „Alles Fleisches Ende ist vor mich gekommen, denn die Erde ist voll Frevel von ihnen; und siehe da, ich will sie verderben mit der Erde." Das zweite Bildchen ist Genesis 19, 1—13 entnommen: Zwei Engel sind bei Lot eingekehrt. Die Sodomiter umzingeln das Haus und fordern ihre Herausgabe zu „sodomitischer Lust". Lot tritt dem Volk entgegen, die Engel kommen ihm zu Hülfe und schlagen die Sodomiter mit Blindheit. Das dritte Bildchen stellt Lot mit seinen Töchtern dar. (Genes. 19. 30—38.)

Die Landschaften schimmern in überirdischem Lichte. Roth glühende
Wolken auf tiefblauem Grunde. Das Licht übergiesst in zauber-
haften Effecten die Blätter der Bäume, die Säulen der Gottes-
häuser oft mit wahrhaftem Gold. Dieselbe Farbenpracht zeigen die
Ornamente; auch da wird Gold reichlich verwendet. Die Figuren
sind in wenigen Strichen durch Farben und nicht durch Linien
gezeichnet. Zuweilen bringt der Künstler kühne Verkürzungen.
So liebt er es namentlich den Gekreuzigten liegend von den
Füssen gesehen zu geben, und das aufgerichtete Kreuz mit den
Armen schräg in die Bildfläche hinein gestellt. Meistens aber ist
die Zeichnung nachlässig und nur bestrebt die Formen im allgemeinen auszudrücken. Die dargestellte Architectur ist jene phantastische Renaissance, welche bei Altdorfer gebräuchlich ist. Bei
den einleitenden und schliessenden Vollbildern ist die ganze Seite
einheitlich als grosser Rahmen gedacht, der auf das reichste mit
allem nur Denkbaren von edlem Gestein bis zu lebenden Blumen
geschmückt ist.

Am meisten gelungen sind die Motetten und der erste Band
der Psalmen. Der Künstler hat es hier vortrefflich verstanden,
sich auf das Decorative zu beschränken, selbst die Bilder sind
hauptsächlich in diesem Sinne gehalten. Die Farbe der ganzen
Seite ist von einheitlicher Stimmung, die Gestalten flott und ohne
Mühe hingeworfen. Im zweiten Bande der Psalmen geht der Maler
zu seinem Nachtheil von diesem Princip ab. Das Rahmenwerk
tritt mehr zurück, die einzelnen Bilder wollen selbständig wirken.
Sie werden oft von unzähligen Figuren erfüllt, bei welchen das
Fehlen der Gruppirung die Uebersicht erschwert und den Beschauer
verwirrt. Gerade auf diese Darstellungen sind die Schlachtenbilder
Altdorfers und seiner Schule von grossem Einfluss gewesen. Das
Talent Müelichs war beweglicher, mühloser schaffend als dasjenige
Altdorfers, in Folge seiner italienischen Reise wohnte ihm mehr
Grösse und Freiheit inne, aber er arbeitete auch nachlässiger und
steht der Natur noch willkürlicher gegenüber.

Die Pergamentbände waren lange Zeit verschollen, und Niemand wusste etwas von ihrer Existenz, bis sie um die Mitte des
vorigen Jahrhunderts in München wieder aufgefunden wurden.
Bianconi erzählt in seinen Lettere al Marchese Filippo Hercolani (Lucca 1763) S. 52 die Geschichte ihrer Auffindung folgen-

dermassen: „Non sono che pochissimi anni, che ricercando, e sgombrando alcuni antichi, e fino allora inosservati ripostigli della Corte, trovossi in fondo d'un di questi una vecchia cassa di ferro, ben serrata a più chiavi. Nessuno dubitò, come potete imaginarvi d'aver trovato un tesoro, e s'affrettarono ad aprirla per pascer l'avida vista. Qual fu la loro sorpresa quando altro non videro, che una quantità di libri antichi, e tutti manoscritti! Non bastò per consolarli, che questi volumi fossero superbamente legati in velluto, e chiusi con fibbie d'oro, e d'argento dorato d'un lavoro diligentissimo. Quanti fra quella buona gente vi saranno stati, che con Fedro avranno detto carbonem pro thesauro invenimus. Come questa bella raccolta, e da quel tempo fosse stata intanata, Iddio lo sa."

Von andern Werken Müelichs aus den Jahren, in welchen er an den Miniaturen arbeitete, ist uns nichts erhalten. Auch musste ihn diese Beschäftigung vollauf in Anspruch nehmen. Dennoch verzeichnen die Hofzahlamtsrechnungen einige Ausgaben für ihn. 1564 Einz. Ausg. Hannsen Müelich Maler vmb Arbait 16 fl. 2 β. 21 d. 1565 Cennz Maler vmb Arbait 20 fl. 1566. Einz. Ausg. dem Mielich Maler Vmb Arbeit 6 fl. — β. 15 d. 1568 Auf Herz. Wilh. Hochz. Dem Mielich Maler vmb Arbait 128 fl.[1] Einz. Ausg. Dem Müelich Maler wegn Abcontrafetung des Alten hrn von schwabachs gewestnem hofcanzlers 5 fl. 4 β. 20 d. 1570. Hannss Müelich Maler vmb Arbait 11 fl. 3 β. 29 d.

VI.

Im Jahre 1572 schuf Müelich sein letztes grosses Werk den Hauptaltar der Frauenkirche zu Ingolstadt,[2] eine Stiftung des Herzogs. Nach Abschluss der Periode seines Lebens, welche der Miniaturmalerei gewidmet war, bildet dieses den Schlussstein seines ganzen Schaffens. Eine ausführliche Inschrift bezeugt die Urheberschaft Müelichs und nennt als Verfertiger der Holzschnitzerei Hanns Wisreuter Kistler und Burger zu München. Die Entwürfe für die Kistlerarbeit stammen ohne Zweifel auch von Müelich her.

---

[1] s. S. 41.
[2] Abbildungen bei Aretin: Kunstsch. d. b. Königshauses.

— 103 —

Der Altar zeigt mit Ausnahme der Fialenbekrönungen reine Renaissanceformen. Er erhebt sich über einem steinernen Tisch. Nach einer Predella folgt der Haupttheil, im Aufriss ein wenig vom Quadrat abweichendes liegendes Rechteck, mit doppeltem Flügelpaar. Darüber ein mit Holzschnitzerei verziertes Gesims und der nach oben sich verjüngende ausserordentlich reiche Aufsatz. Dieser endigt in spätgothische Fialen, welche mit feiner Berechnung für die Aufstellung des Altars in einer gothischen Kirche angebracht sind, und in der That wesentlich dazu beitragen das Werk mit der Architectur in Einklang zu bringen. Der Aufsatz ist mit einem Gemälde und zahlreichen Holzstatuen geschmückt. Die Rückseite ist in Bezug auf die Anordnung eine genaue Wiederholung der Vorderseite, nur tritt an die Stelle der Flügel ein die ganze Breite und Höhe des Haupttheiles einnehmendes Gemälde, welches durch zwei senkrechte Leisten in drei gleichgrosse Querabtheilungen mit einheitlich durchgehender Darstellung getheilt wird. Das ist in der Absicht geschehen durch ein allzu breites Mittelfeld nicht das Aufstreben des Altars zu beeinträchtigen. Das ganze Holzwerk ist mit Farben und Gold reichlich behandelt.

Der Altar enthält etwa 90 Darstellungen in einzeln umrahmten Bildern.

Vorderseite : Predella 5 Bilder, Auferweckung des Lazarus und die vier Evangelisten. Neben den geschlossenen Flügeln, d. h. ausserhalb der Scharniere, sind jederseits zwei Heilige in kleinen Bildern übereinander sichtbar. Auf den Aussenseiten des ersten Flügelpaares [1] durch Rahmen von einander abgetheilt 8 Bilder aus dem Leben Christi. Darüber in kleinen Darstellungen die Brustbilder von 6 Propheten.

Wenn man das erste Flügelpaar auseinanderschlägt, so erblickt man auf der Innenseite desselben und auf der Aussenseite des zweiten Flügelpaares 13 Darstellungen die ganze Passion Christi erzählend vom Einzug in Jerusalem bis zur Himmelfahrt. Die Aussenseite des linken Flügels vom zweiten Paar enthält die Kreuzigung in ganzer Fläche, sonst immer 4 Bilder auf einem

[1] Erstes = äusseres. zweites = inneres Flügelpaar.

Flügel. In den oberen Verzierungen die Brustbilder von 12 Propheten.

Wenn man das zweite Flügelpaar auseinander schlägt, so stellt das grosse Mittelbild die Krönung Mariä dar. Rechts und links davon noch am Stammtheil des Altars je zwei Bilder übereinander. Auf den Innenseiten der Flügel je 4 Bilder. Alle aus dem Leben der Maria von der Geburt bis zum Tode. In den obern Verzierungen die Brustbilder der 12 Apostel. Mitten in deren Reihe das Schweisstuch der heiligen Veronica.

In dem Aufsatz als Gemälde die Apostel versammelt um das leere Grab Mariä, welche soeben gen Himmel gefahren ist. Darüber in plastischer Darstellung die Krönung derselben durch die heilige Dreieinigkeit.

Rückseite: In der Predella Jesus in der Synagoge zu Nazareth lehrend. Rechts und links davon die 4 abendländischen Kirchenväter. Zu beiden Seiten des Haupttheiles, in derselben Anordnung wie die 4 Heiligen auf der Vorderseite, die 4 morgenländischen Kirchenväter. Das Hauptbild stellt die Vertheidigung des Christenthums durch die heilige Katharina von Alexandrien dar. In den Verzierungen darüber fünf kleine Bilder, die Werke der Barmherzigkeit.

Gemälde im Aufsatz: die Auferstehenden und der Erzengel Michael. Darüber in plastischer Darstellung Christus als Weltenrichter.

Bei den Bildern der Predella, bei sämmtlichen Darstellungen des ersten Flügelpaares und der Aussenseite des zweiten Flügelpaares können wir eine starke Mitwirkung von Schülerhänden annehmen. Die Composition ist nachlässig, die Farbengebung ohne Feinheit. Die Henker Christi sind nach alter Art als Fratzen gegeben. Und wie der Heiligenschein Christi überall die gothische Form zeigt, so scheint der Künstler trotz der in allen Hintergründen angewendeten Renaissancearchitectur. trotz den sehr schönen nächtlichen Himmeln auf dem Oelberg und der Gefangennahme absichtlich archaisirt zu haben.

Seine ganze Kunst hat der Meister den innersten Darstellungen zugewendet, welche man erblickt, wenn beide Flügelpaare auseinander geschlagen sind. Das Mittelbild zeigt eine hübsche, wenn auch nicht gerade fein abgewogene Composition. Oben die heilige Jungfrau als Himmelskönigin umgeben von goldigem Lichtglanz, der aus dem geöffneten Himmel mit seinen Engelschaaren hervordringt. Zwei grosse Engel halten die Krone über dem Haupt der Gottesmutter, zwei kleinere breiten ihren Mantel aus. Vor ihr knieen vier weibliche Heilige, Katharina von dem Christuskinde den Ring empfangend. Männliche und weibliche Heilige zu beiden Seiten. Unten kniet der Herzog mit seiner Familie. Dazwischen durch sieht man in eine weite Landschaft. Nicht nur das Mittelbild sondern alle Darstellungen des Innern sind von grosser Schönheit der Farbe. Zwar ist sie hart, aber dennoch wird durch die nicht allzu grosse Tiefe der Schatten ein weicher und harmonischer Gesammteindruck hervorgerufen. Die Farbe und nicht das Licht geben die Stimmung jeder Darstellung. In der Wochenstube der heiligen Anna ist das Colorit wärmer und satter. Ein mattes Dunkelgrün, ein nicht allzu prononcirtes Roth und Rothgelb. In einer prächtigen Säulenhalle geht die Verkündigung vor sich, und prächtig sind auch die Farben in diesem Gemälde. Die Begegnung der mütterlichen Frauen in weiter Landschaft mit helleren und kälteren Farben. Ebenso die Flucht nach Egypten mit tief blauer Ferne und scharf beleuchteten Wolken. Auch durch die Farbe und nicht durch directe Führung des Lichtes ist der Dämmerschein im Tempel gegeben, in welchem der 12 jährige Jesus lehrt. Das reiche Corlorit bei der Krönung der Maria ist mit Absicht etwas blass gewählt, wie wenn das Auge von dem Licht, das aus dem geöffneten Himmel strömt, geblendet wäre. Trotz dieser individuellen Fassung der Farbe in jedem Bilde hat der Künstler doch alle in harmonischen Einklang mit einander gebracht.

Reizende Genrezüge finden sich in einigen Darstellungen : Die Kinder, welche die kleine Maria anstaunen, die so fromm zum ersten Male in den Tempel geht, während sie sonst ihre lustige Spielgefährtin war. Bei der Geburt Christi der Hirt, welcher mit seinem Dudelsack im Arm andächtig singt. Bei der Anbetung der Könige, der kleine Mohr, in der einen Hand die Krone seines Herrn haltend, mit der andern einen mit einem Halsband geschmückten Tiger, wie einen treuen Hund umarmend.

Andere Züge bezeugen tiefe Empfindung. Ueberaus anmuthig ist die Geberde, mit welcher Maria die Verkündigung des

Engels empfängt. Die ganze Seligkeit der Liebe und der göttlichen Begnadigung liegt in dieser jungfräulichen Gestalt. Sie ist auf die Knie gesunken und neigt in inniger Demuth und beglückter Empfindung das mädchenhaft liebliche Haupt mit seinen blauen Augen und den langen blonden Haaren. So holdselig st auch das Gesicht der heiligen Jungfrau bei der Krönung. Die aufgelösten blonden Haare schmückt ein Kranz von Margarethenblumen in sinniger Andeutung ihres keuschen Wesens. Sehr sprechend, beinahe zu sprechend ist die Geberde des lehrenden Jesusknaben im Tempel. Jedenfalls auch ganz von der Hand des Meisters wurden die Brustbilder der zwölf Apostel ausgeführt. Von ergreifender Wirkung aber ist das Haupt Christi auf dem Schweisstuch der heiligen Veronica.

Lange nicht so vollendet wie die Innenbilder des Altars sind die um das Grab Mariä versammelten Apostel in dem Aufsatz. Ja es scheint, als wenn der Künstler in diesem Bilde hat eine Mittelstufe geben wollen zwischen den schönen Innenbildern und den viel schlechteren und flüchtigeren übrigen Darstellungen, damit dieses immer sichtbare Gemälde bei keiner Stellung der Flügel allzusehr der Gesammtwirkung fern stehe.

Das grosse Gemälde der Rückseite, die heilige Katharina von Alexandrien, umgeben von einem weiten Kreise von Gelehrten und Volk innerhalb einer reichen Halle, müssen wir Müelich absprechen und hier die Hand des Christoph Schwarz vermuthen, wenn auch die Inschrift nichts davon berichtet. Möglich, dass Müelich starb, ehe das Werk vollendet war. Die Farben sind ausserordentlich warm und weich. Alle in einen bräunlichen Gesammtton zusammengestimmt. Die Köpfe der zahlreichen Personen vorzüglich individualisirt und oft von grosser Schönheit. Geringer und auch nicht von Müelich ist die Darstellung des jüngsten Gerichtes in dem Aufsatz der Rückseite.

Die Hofzahlamtsrechnung von 1572 führt an: „Dem Mielich Maler für Cost und Lerngellt des Richarten Sonn Pallmarum verfallen für ain Jar 20 fl." Unter dem Ausgaberegister aus alten Papieren, die hauptsächlich auf die Hofzahlamtsrechnungen zurückgehen, giebt Westenrieder in seinem historischen Kalender 1788 hinter obiger Bemerkung: „NB item der Hr. Mielich eingenommen wegen gemacht herrlicher Kohrtafel gen u. l. Fr. zu

Ingolstadt abraitung und verglaichung getroffen mit 2200 fl. Hanns Wissreitter Kistler um Arbait zu dieser Kohrtafel 37 fl. valthem Milo Schlosser um arbait dahin 5 fl." Diese Nachricht entstammt nicht den Hofzahlamtsrechnungen. Dennoch können wir ihr Glauben schenken, da die „alten Papiere" Westenrieders auch in anderer Beziehung zuverlässig sind. Der in den Rechnungen genannte Lehrling aber dürfte dem Meister bei der Ausführung der Altartafel geholfen haben. [1]

Am 10. März 1573 schloss der Tod das reiche Leben des erst 57 Jahre alten Meisters, nachdem er sich in Vorahnung wohl selbst die Grabtafel gemalt hatte, welche noch im Anfang dieses Jahrhunderts bestand, jetzt aber verschollen zu sein scheint.

[1] Der Himmelsglobus (jetzt auf der Staatsbibliothek zu München), welchen Bianconi Müelich zuschreibt, zeigt eine flüchtige Hand und ist wahrscheinlich gleichzeitig mit dem dazu gehörigen datirten Erdglobus (ebenda) mehrere Jahre nach Müelichs Tode entstanden. Westenrieder, Beschreibung von München 1783 S. 155 spricht von einem Gemälde Müelichs in der Frauenkirche den Oelberg darstellend. Ebenso Rittershausen 1788. Hübner 1803 berichtet nichts mehr davon.
Fickler's Inventar der Kunstkammer 1598: Nr. 2702 «Mehr ein Dafel, daraul die abnembung Christi, Künstlich von meister Hansen Mielich gemahlt. Nr. 3201 Auf dieser Seiten (gegen Osten) hanget in mitten an dem Obern boden ain grosse viereckhete Dafl, an einer eysen ketten, auf baid seitten abgemahlt. Auf der einen die Krönung, Auf der andn die abneṁung Christi von dem Creuz ec. von Maister Hansen Mielich zu München gemahlt.»
In der Schleissheimer Galerie befindet sich ein Portrait mit Aufschrift «Anno 1585 Hat Wolfgang Miller ein Steinmetz, seines Alters 48 Jahr, die Kirch vnd das Collegium in München gebauet.» Darüber das Wappen des Dargestellen, darunter das Monogramm ⧖ Brustbild etwas nach rechts gewendet. Kurz geschorenes schwarzes Kopfhaar. Auf spanische Manier gestutzter schwarzer Bart. Rothes Kleid und weisse Halskrause. In der Linken hält er einen Massstab, in der Rechten einen Zirkel. Leinwand. Das Gemälde ist jedenfalls eine Copie, und es ist nicht unmöglich, dass das Orginal zu demseben von Hanns Müelich herrührt. Diese Ansicht wird dadurch gestützt, dass der Dargestellte auf dem Bilde nicht das Alter von 48, sondern von höchstens 35 Jahren haben kann. Das Orginal ist also noch zu Müelichs Lebzeiten enstanden. So weit man von der allerdings schlechten Copie auf das Orginal schliessen kann, sprechen künstlerische Gründe nicht gegen diese Annahme. Das Monogramm hat zwar eine bei Müelich nicht gebräuchliche Form, könnte aber von dem Copisten verändert sein. Dennoch ist Vorsicht rathsam, da aus den letzten Lebensjahren Müelichs, in welche das Original fallen müsste, sonst keine Bildnisse bekannt sind.

Verschollen war auch der Ruhm dieses ersten Malers von München aus einer glanzreichen Epoche. Das kam wohl daher, weil er einzeln dastand, aus einer andern Schule emporgewachsen und keine Schule hinterlassend. Ausser von den beiden flüchtig genannten Schülern, von denen wir auch nichts weiter wissen, haben wir keine Nachricht, dass sich andere Künstler an ihn angeschlossen hätten. Gleich nach seinem Tode bricht ein anderes Kunstzeitalter über München herein. Der Geist Italiens war in der Kunst übermächtig geworden und fortan das einzige Streben der nordischen Künstler ganz in den Bahnen der Italiener zu wandeln. Sie bedachten nicht, dass eine Kunst immer aus dem eigenen Volk emporwachsen muss, dass der Künstler nur das vollendet darstellen kann, was er seiner Natur nach fühlt und sieht. Schon Christoph Schwarz hat sich von der Grösse und Pracht der italienischen Kunst bethören lassen und Peter Candid, der nach Müelich und ihm in München zur ersten Stellung gelangte, war bis auf den Namen Italiener geworden.

So ist Müelich der einzige bedeutende Künstler, welcher in München die eigentliche deutsche Renaissance vertritt. In Herzog Albrecht fand er einen gleichdenkenden Schutzherrn, alles was wir über das Kunstleben an des Herzogs Hofe wissen, trägt einen ausgesprochen deutschen und localen Charakter. Dass sie diese schöne Blüthe des heimischen Bodens hervorgerufen und gepflegt haben, das wollen wir Herzog Albrecht und Hans Müelich in der neuen deutschen Zeit nicht vergessen.

Eintragungen der Hofzahlamtsrechnungen über Bildhauerarbeiten.

Hanns Aesslinger.

Mit jährlicher Besoldung von 80 fl. schon 1552 genannt. Gestorben im Frühjahr 1567.

1557. Für Arbait 24 Tlr.

1560. d. 18. Octobris zalt Hannsen Aeslinger Stainmetzen von ainem Hercules Pult[1] so in Marbelstein gehauen von Salzburg bis gen Munchen zu furen 5 fl. mer Ime vnnd ainem gsellen widerumb hinein gen Salzburg Zerung 10 Taller unnd ernenntem seinem gesellen drinckgelt 2 Taler P. 17 Pagen Zeraiten Thuet zu allem 18 fl. 4 β. 6 d.

1562. Hanns Aeslinger Pildhawer Zerung in etlich malen gen Inglstat vnd Aichstet 30 fl. 6 β.

von etlichem Werckzeug zu paliern auch vmb weyssen khidt 1 fl. 3 β. 15 d.

vmb allerlay Werckzeug zu Machung aines grossen Pilds. 6 fl.

1563. Zerung gen Aychstet 11 fl. — β. 21 d. 1 hr.

1564. Fürstliche Hofgebäw in Munchen: So ist durch Hannsen Aeslinger Pildhauver vermüg neben ligender Zetl vmb weyss Aichstetter Tuff Stain ausgeben vnd durch mich bezahlt worden 433 fl. 6 β. 28 d

[1] Bild.

Jordan Brechfeld.
Gest. Anfangs 1575.

1567. Von acht Leben[1] zemachen 20 fl.

1568. vmb Arbait 2 fl. 1 ß. 26 d.

dto.   18 fl.

1570. Umb Arbait als Herrn Marschalken seligen Hochzeit gewesen 32 fl.

1571. umb Arbait 8 fl.

Auf der Hochzeit der Herzogin Maria 26 fl.

Vmb Arbait in die Kunstchamer 172 fl.

1572. Vmb Arbait in die Kunstchamer 30 fl.

dto.   150 fl.

1574. Vmb Arbait 7 fl.

d. 16. Aprilis vmb Arbait a° 73 herrürend 469 fl.

d. 22. Juni 1574 bezalt 210 fl.

1575. Ady 13. Jenner bezalt vmb Arbait Zue meiner genedigsten Fürstin vnd Frauen Epedaphium bei vnnser lieben frauen 50 fl.

Der Jordanin Pildhauerin Per Arbait so ihr man seliger in vnser lieben frauen Kuchen gemacht hat, bezalt 4 fl.

Der Jordanin Bildhauerin per drei Postament in die Khunstchamer bezalt 30 fl.

Der Jordanin Bildhauerin wittib bazalt Per Arbait so Ir Hausswirrt selliger In die Kunst Cammer gemacht hat 70 fl.

1576. Der Jordanin Pildhauerin wittib wegen etlicher ausständiger Brust Bild, so ir Hausswirtt seliger in die Kunst Cammer gemacht 70 fl.

Hanns Wörner.
Gest. 1573.

1568. Auf Herzog Wilhelms Hochzeit 120 fl.

1570. Vmb Arbait 7 fl.

dto   3 fl.

1572. Vmb Arbait 10 fl.

---

[1] Löwen.

Hanns Ernhofer.

1374 d. 2. Augustii vmb allerlay Arbait 110 fl.

d. 2. Decembris vmb Arbait 60 fl.

1575 per zehen gemachte Prustbilder in die Khunstchammer für ains 15 fl. = 150 fl.

Per Zway Prust Pilder Lautt der Zetl 30 fl.

1576 per mer Bilder, so er in vnsers g. f. v. h. Khunstchamer gemacht hat 645 fl. 8 kr.

per Arbait in die Kunst Cammer 214 fl.

1577 per arbait (f. Herz. Ferd.) 6 fl. 36 kr.

1578 per Arbait für die Herren Jesuiten 14 fl.

1579 per Zerung nach Reichenhall vnnd Insbruck das Stainwerk betreffend 67 fl.

Eintragungen der Hofzahlamtsrechnungen über

Malerarbeiten.

Hanns Bocksberger, Maler von Salzburg.

1557. d. 17. Junij Bezalt ainen Bueben im Stall Zerung mit zway Pferdten zu Maister Hannsen Maller gen Saltzsburg 1 gld. 3 ß. 15 d.

1558. Mer bezalt ainem Boten von Salzburg So von dannen gemalte tuecher 50 lme Hanns Maller Aufgegeben Alher gedragen. 4 fl. 4 ß.

1560. Dem Unnger Sockhin Goldtschmidt vmb ain Kanntlein vnnd dem Hanns Maler von Salzburg verehrt 25 fl. 6 ß. 4 d. Mer bezalt Maister Hannsen Mallers von Salzburg gesellen so brief meinem g. fürsten vnnd herrn bracht 2 fl.

Hanns Schöpfer.

1558. Aus sonderm Befehl des Herzogs: d. 6 Aprilis für Abcontterfet 11 fl. 3 ß. d. 3. Augusti für meines g. Herrn u. m. g. frauen beeder Irer f. gd. ganntzer lenng Connterfettung 46 gld. d. 23 Nov. vmb zwey Conterfet m. g. f. v. herrn vnnd m. g. frauen PrustPildt 18 fl. Aus sond. Bef. der Herzogin: Vmb etlich verrichte Arbait im Dockhenhauss 100 fl.

1560. A. s. B. d. Hzs.: d. 1. May Hannsen Schopfer Maller
umb Zway Kunterfet für meinen g. f. v. Herrn 22 fl. 4 β. 20 d.
A. s. B. d. Hzgin.: Hannsen Schöpffer Maller umb funff Kunterfet auf plätl gemallt für mein g. fürstin unnd frauen. 15 fl. Hannsen Schöpffer Maller bezallt vmb Aindlif Cuntterfet meines g. f.
vnnd herrn Ihrer f. g. gemachel unnd derselben f. khinder Herrn
unnd freulen 190 fl.
1561. A. s. B. d. Hzgin.: Mer bezahlt Maister Hannsen
Schöpffer Maler vmb Arbait für mein g. fraw. 8 fl.
1562. A. s. B. d. Hzs. Mer bezalt Maister Hannsen Schöpffer Maler von Siben Conteruet zemachen 100 fl. Mer bezallt
Maister Hannsen Schöpffer Maler vmb Arbait 75 fl.
1563. A. s. B. d. Hzgin.: It. bezallt Maister Hannsen
Schöpffer Maler wegen abcontrafenung meiner g. f. vnnd f. meiner
Jungen dreuer g. f. vnnd herrn vnd beder meiner Jungen g. f.
vnnd f. 110 fl. Jt. bezallt dem Schöpffer Maler vmb Arbait für
mein g. fin vnnd f. 40 fl.
1564. A. s. B. d. Hzgs.: Dem Schöpfer Maler wegen Zwayer
Contrafet 40 fl. A. s. B. d. Hzgin. Mer bezalt Hannsen Schöpffer
maler vmb Arbait 70 fl. Mer bezalt dem Schöpffer Maler vmb
Arbait 49 fl.
1565. A. s. B. d. Hzgin.: bezalt dem Hanns schöpffer
Maler alhie wegen Machung fünf Conterfet meiner g. fn vnnd
fräulein 75 fl. Mer bezalt dem Schöpffer wegen Conterfetung der
jungen Marggräfin 8 fl. Mer dem Schöpffer Maler vmb Arbait
etlicher Conterfet 40 fl. Verehrung: Auf schöpffer Malers Tochter
Hochzeit verErung 12 fl.
1566. A. s. B. d. Hzs. Erstlich bezalt Hannsen Schöpffer
Maler vmb Arbait für meinen g. f. vnnd herrn 85 fl.
1567. Dem schepffer Maller vom Wögen etlich abConnter-
feung 140 fl.
1568. A. s. B. d. Hzs.: Dem Schöpffer Maler Vmb Arbait
80 fl. Für d. jungen Fürsten v. Frl. dem Schöpffer Maler vmb
Arbait 9 fl. dto. 32 fl. Verehrung: dem Schöpffer Maler für ain
ehr claid 8 fl.
1569. A. s. B. d. Hz's.: Dem Schöpffer Maler vmb Arbait
12 fl. A. s. B. d. Hzgin.: Dem Schöpffer Maler vmb Arbait
172 fl. W. Hz. Ferd. u. d. beiden f. Fräulein: Dem Schöpffer

8

Maler vmb Arbayt 13 fl. Verehrung: Dem Schöpfer Maler auf sein hochzeit 12 fl.

1570. A. s. B. d. Hzs.: Dem Schöpfer Maler vmb Arbait 72 fl. A. s. B. d. Hzgin.: Dem Schöpfer Maler vmb Arbait 10 fl. 3 ß 15 d. W. Hz. Ferd. u. d. b. Frl.: Dem Schöpfer Maler vmb Arbait 16 fl. dem Schöpfer Maler vmb Arbait 22 fl. dem Schöpfer Maler vmb Arbait 20 fl.

1571. A. s. B. d. Hzgin.: Dem Schöpfer Maler vmb Arbait 40 fl.

1572. A. s. B. d. Hzgin: Hannsen Schöpffer Maler vmb Arbait 30 fl. W. Hz. Ferd. Hannsen SchöPffer Maler vmb Arbait Etlicher Contrafet 34 fl.

1573. W. Hz. Ferd.: 'Erstlichen d. 7. January a⁰ 73 bezallt Hannsen Schöpffer Maler allhie für etliche gemachte Contrafet 80 fl.

1574. A. s. B. d. Hzgs. d. 6. Maij dem Schepffer Maler vmb Arbait 40 fl. A. s. B. d. Hzgin.: Bezalt dem Schöpffer Maler vmb Arbait 14 fl.

1575. A. s. B. d. Hzs. dem Hannsen Schöpffer Maler bezalt wegen der fürstlichen Conterfeth 40 fl. A. s. B. d. Hzgin.: Dem Hannsen Schöpffer Maler bezalt wegen meiner genedigsten Fürstin vnd Frauen epitaphium bey vnser lieben Frauen 650 fl. W. Hz. Ferd. Dem Hannsen Schöpffer Maler vmb etliche Conterfedt bezalt 23 fl.

1576. Einzige Ausgabe: Hannsen Schepffer Maler wegen dreyer Conterfet, so der Lanndgrefin zu Leichtenberg geschenkt worden 30 fl.

1577. A. s. B. d. Hzgin.: Hannsen Schöpffer Maler Per mer Arbait für J. f. Dt. 50 fl. W. Hz. Ferd. Hannsen Schöpfer Maler Per merlaj Arbait für J. f. g. 26 fl.

1578. W. Hz. Ferd.: Hannsen Schöpfer Malern per 6 Conterfet 65 fl. Mer Imé Par Zwaj Conterfet lr. f. g. PrustPilder 18 fl.

1579. Einzige Ausgabe: dem Schöpffer Maler Per ein Conterfet seiner f. g. Bildnuss dem Secretaïj wagner gemacht word. 10 fl. Hannsen Schöpffern Malern alhie Per drej Conterfet einer verdechtigen Person 9 fl.

Hanns Tonauer.

1568. Verehrung Auf dj hochzeit 16 fl.

1571. Auf die Hochzeit der Herzogin Maria: bezalt so ehr von wegen der Inuention Ausgöben thuet 299 fl. 3 ß 8 d. von wegen seiner gehebten Bemichung vererung 20 fl. Gnadengeld: aus Gnaden 32 fl.

1573. Den 3. Septembris Anno 73 dem Ludwig Müller Licentiaten vberannthwort. Welliche er weitter dem Hanns Tonauer Maler von Landshuet Zugestellt 20 fl.

1577. Weg. Hz. Ferd.: Hannsen Thonauer den Ir. f. g. ain khind aus der Tauf heben lassen verehrung 6 fl. Per Arbait 18 fl. Leibgeding: H. T. M. hat das Jar vermig f. befehls auf widerrüeff. 40 fl. Angeschafft d. 24 Juli Anno 77 vnd soll mit erster Zahlung zur Quatember Michaelis angefangen werden, zalt Ime demnach die zwo Quatember Michaelis angefangen werden. zalt Ime demnach die zwo Quatember Michaelis vnd Weihnachten 20 fl. Einzige Ausgab: Hannsen Thonawer Malern guet gethon, so Ime vnnser g. f. vnnd herr gegen seiner verrichten Arbait aus g. nachgelassen, doch das er dagegen das gewelb in der Newen Vest gar aufmachen vnnd verferttigen solle 608 fl. 42 kr. 6 d.

1578. Leibgeding: 40 fl. Einzige A.: per arbait auf die Kunstcammer vom verschinen 77 Jar 47 fl. 16 kr. per Arbait in die Kunstcammer. 23 fl. 30 kr.

1579. Hanns Thonawer Maler kombt mit seinen 40 fl. Dienstgeld hernach beim Handwercksleuthen im Quatemberpuech vor.

Christoph Schwarz.

1568. Auff Herz. Wilhelms Hochzeit: Mer bezalt dem Schwarzen Maler vmb Arbeit vermig der Zetl 135 fl.

1574. A. s. B. d. Hzgin. d. 16. December dem Schwarz Maler bezalt vmb Arbait 5 fl.

1575. W. Hz. Ferd. dem Christoffen Schwarzen Maler allhie vmb etliche Conterfet 35 fl.

Sigmund Hebenstreit.

1573. Vmb Arbait in der Kirchen auf vnnser f᷑ Gozackher 9 fl.

1574. Vmb Arbait in die Kunstkammer 21 fl.

1575. Von Ir. f. g. Schlitten zu vergulden, versilbern vnd malen 40 fl. Wegen Ziehung aines Kinds. 15 fl.

1576 per Arbait 4 fl. 51 kr.

1579. Per verguldtung vnnd Renofierung des Heusls yber das hochwürdig Sacramennt bein Augustinern alhie 25 fl.

Melchior Bocksberger.

1558. d. 19 Apr. bezalt, so Ernst Garttner Pfleger auf f. Beuelch Melchiorn Maller auf ein Hochzeit verert 10 Tlr.

1560. Unter der Rubrik: Handwerksleut und Einzigs der Hauskämmerei wird erwähnt, dass Müelich für drei Himmel über Betten zu malen 16 fl. erhält und im Anschluss daran: Desgleichen Melcher Pockhsperger Maler 16 fl.

1564. vmb Arbait 26 fl. bei Schlossbau Dachau vm Arbait 20 fl.

1570 vmb Arbait 30 fl.

Thoman Zechetmair.

1577. Per Arbait 8 fl. 28 kr.

1578. Per Arbait 15 fl.

Martin Maulberger.

1563. vmb Arb. 13 fl. 5 β. vmb Arb. in die Apoteckhen 3 fl. vmb Arbait 2 fl. 2 β.

1565. von 66 HellePorten Zw Erzen für die Trabannten 44 fl.

1566. vmb Arb. 4 fl. 6 β. 16 d.

1568. umb Arb. 1 fl. — β. 28 d.

1569. vmb Arb. 2 fl. 5 β. 18 d.

1570. von 15 HelleParten Zeötzen 10 fl.

Georg Hamer.

1572. v. Arb. 2 fl. 4 β. 6 d.

Melcher Hamer.

1563. v. Arb. für die Apotheken 20 fl.

Jörg Hamerperg.

1571. v. Arb. 2 fl. 1 β. 26 d.

Karl, Maler.

1551. Unter den Handwerksleuten beim Bau der Behausung der alten Herzogin erwähnt mit 26 fl.

Orlanndo Möringer Conterfeer.

1562. v. Arb. f. m. g. fürsten v. herrn 91. fl. 3 β.

Niclas Maler von Freiberg aus Ichtlanndt.

1571. Zur Hochzeit der Herzogin Maria: vmb guldne vnnd silbere Deckh 110 fl. dto. 127 fl.

Ludwig Schlein.

1563. Macherlon wegen zweyer bayrischen Wappen 1 fl. 3 β. 15 d.

Abraham von d. Thann.

Maler von Freiburg.

1568. Verehrung 5 fl.

Folgende Notizen über Malereien geben die Hofzahlamtsrechnungen ohne Künstlernamen:

1554. d. 24 Junij bezalt vmb gemalte tuecher vnd Conterfehung 57 taler. d. 22 Nov. vererung vnnd vncost So vber die Conterfehung d. Herrschaft Schwabegkh ganngn 43 fl. 3 β. 1. d.

1562. Dem Corneli vmb gemäl 550 fl.

1564. Einem Maler vmb ain Bild 22 fl. 6 β.

1566. Ainem Maler vmb ain gemahlt tuech 24 fl.

1570. bezalt vmb ein Conterfet durch Lucas Fürsten 24 fl.

1572. Ainem Maler von etlichen Mändlen der Claidungen halber auf die Pressburgisch Raiss Zemachen 2 fl. 3 β. 29 d.

Von fremden Malern werden in den Rechnungen folgende erwähnt:

1566. Ainem fremden Maler 12 fl.

1566. Ainem von Augsburg vmb gemalte Kunstück 7 fl. 3 β. 4 d. 1 hr.

1566. Einem welschen Maler, so etlich Kunststück zuegebracht 12 fl.

1569. Ainem frembden Maler Francisco A Tertus genannt 30 fl.

1573. Ainem welschen Maler 45 fl.

1557. d. 23 Juli Ainem niderlenndischen Maler, den m. g. f. vnd herr zum Conterfeten etlich wochen gebraucht 100 fl.

1560. d. 5 Nov. bezalt einem niderlenndischen Abcontrafeer, so m. g. f. v. frawen etlich Puechl presentirt 10 fl.

1574. d. 11 Mai bezalt ainem Niderlender vmb gemäl 100 taler.

Hanns Ostendorfer, Hofmaler.

1551. Handwerkerarbeit im Zeughaus 47 fl. 5 β. 19 d. . . an andern fürstlichen Gebäuden 12 fl. „an mer orten vber ho gethan" 13 fl. 6 β. 23 d. .

1554. Handwerkerarbeit im Marstall: Quatember Pfingsten 15 fl. — β. 25 d., Qu. Michaelis 27 fl. — β. 15 d. in der Hauskämmerei: Qu. Pfingsten in der Neuvest 18 fl. 5 β. 11 d. in der Altvest 13 fl. 6 β. 2 d., Qu. Mich. in der Neuvest 6 fl. 5 β. 15 d. in der Altvest 1 fl. 1 β. 12 d. Für Arbeit vom Baumeister abgerechnet: Pf. 2 fl. Mich. 47 fl. 6 β. 14 d. Arbeit in's Zeughaus 10 fl. 3 β. 7 d. Arb. die Altana in der Neuvest betreffend 6 fl. 5 β. Etliche Arb. 9 fl. 2 β. dto. 7 fl. 3 β. 12 d.

1557. Handwerkerarbeit in die Hauskämmerei in der Neuvest, Reminiscere bis Pfingsten 61 fl.

1558. Arb. in das Dockenhaus mit einem Trinkgeld. 40 fl. Handwerkerarb. in den Marstall Pfingsten 6 fl. 6 β. 8 d. Weihnachten 3 fl. 3 β. 1 d. Handwerkerarb. in die Hauskämmerei der alten Veste 10 fl. Arb. beim Schlossbau Menzing 1 fl. 6 β. 12 d.

1560. Hwarb. im Marstall Rem. 8 fl. 3 β, 16. d. Mich. 22 fl. 1 β. 1 d. Um etliche Wappen, welche der Herzog mit sich nach Wien geführt 43 fl. 3 β. 15 d. Allerlei Arb. auf Herzog Ernsts „besingkhnus" 8 fl. 6 β. 12 d. 1 hr. Arb. auf des Bischofs von Salzburg „besingkhnus". 5 fl. 20 d.

1561. Von Sechtzig eingefasten gemalten Tüechern anzestreichen vnnd einzefassen 26 fl. Arb. für die fürstliche Mummerei 24 fl. 2 β. 16 d.

1562. Arb. 22 fl.

1563. Arb. f. Starnberger Gebäu 34 fl. Zu Starnberg verzehrt 4 fl. Arb. beim Schlossbau Cranzberg 9 fl.

1565. Arb. 1 fl. 3 β. 15 d.

1566. Zwei Schlitten zu malen 48 fl. Arb. f. Starnberger

Gebäu 37 fl. Seinem Sohn und Gesellen Abfertigung und Gnaden-
gelt. 6 fl. Arb. 13 fl. 3 ß. 15 d.

1567. Arb. 33 fl.

1568. Arb. f. d. Hochzeit Herzog Wilhelms 233 fl. Arb. 11 fl. 3 ß.

1569. Arb. 4 fl. 1 ß. 12 d. Arb. in die Pfister 2 fl. 1 ß.
Arb. 7 fl. 4 ß. 27 d. Arb. 8 fl. 3 ß.

1570. Arb. 7 fl. Arb. 26. fl. 3 ß. 1 d.

1571. Arb. 17 fl. Arb. auf die Hochzeit der Herzogin Maria
13 fl. 6 ß. 27 d. dto. 388 fl. Etliche Schiffe anzustreichen in
Starnberg 33 fl. in Starnberg verzehrt 15 fl.

1572. Arbeit an einer Wiege 6 fl. 2 ß. 12. d. Arb. zu Starnberg an den Schiffen und sonst 29 fl. 2 ß. 17 d.

1573. Verehrung auf seine Hochzeit 10 fl. Arb. gen Isareck
13 fl. 4 ß. 20 d. Arb. gen Starnberg 11 fl.

1574. Arb. gen Starnberg 22 fl.

1575. Arb. an den Schiffen zu Starnberg 81 fl. Mehrere
Trompetenbanner und andere Arb. 77 fl. 47 kr.

1576. Arb. zum Ringlrennen 39 fl. 48 kr. 2. Arb. in den
Marstall 16 fl. 5 kr. 5.

1577. Seiner Frau in das Kindbett 5 fl.

1578. Arb. 5 fl. 8 kr. 4. Arb. 28 fl. per vier Trompetenbanner 14 fl. 51 kr. 3. Arb. an den Schiffen zu Starnberg 9 fl. 39 kr. 1.

1579. Arb. an den Schiffen zu Starnberg 21 fl. per 12 Trompetenbanner. 46 fl. 17 kr. 1.[1]

---

[1] Dieser Hanns Ostendorfer ist zu scheiden von dem älteren, der
unter Wilhelm IV. Hofmaler war, und auf den sich wahrscheinlich
folgende Urkunde bezieht (K. B. allg. Reichsarch. Fürstens. II, Sp.
Lit. C. Fasc. XXVII. Nr. 322): «Hofhalltn H. wil. ao 1515. Mit
maister Hannsen Hofmaler ist gehanndlt, daz costgellt wie Er daz, als
m. g. H. zu landshut gewest ist gehebt hat, anZunemen. Darauf ist
sein antburt. Erstlich alls mein g H. Herzog Albrecht Ine an des alten
hofmalers seines Vetters stat von Straubing herauf gebracht, hab, Ime
sein gnad Zuerkennen geben, wie daz er Ine alein vmb wesentlichait
der vorgeschehen Pew bestellt derhalben Er Ime ainen Ringern sold
dann vorig. hofmaler gehebt ernennt hat. Mit dem gnedigen erpieten
So seiner gnaden Son Zu ainem westen kamen, alsdann d. arbait mit
Renndecken vnd sliten malen vnd vil anndnn Zum Ritterspil gehorig
auch vil mer werd. Alsdann erkenn vnd well Im sein gnad des allten
malers sold auch verschaffen, daz sei aber nit beschehen. Darauf be-
gert Er, dieweil er mit dem costgellt nit kann auskomen mit gnad
darein Zusehen dardurch Er nit so gar ain schaden lig. Wolf Renmaister.»

Eintragungen der Hofzahlamtsrechnungen
über Goldschmiedearbeiten.

Goldschmiede von München.

Leonhart Baumeister.

Aus sonderm Befehl des Herzogs: **57, 64**.
Einkauf zu Verehrungen: **57**.

Christoph Cramer.

75.

Joseph Duzmann.

A. sond. Bef. der Herzogin: **64**.
F. Hz. Ferd. u. d. jung. f. Frl.: **69**.

Simon Duzmann.

A. sond. Bef. d. Hzgin: **65**, 40 fl.
Eink. f. d. Silberkammer: **51**, 204 fl.

Hanns Frühauf.

61.

Hanns Gabler.

54.

Hanns Gerolzhofer.
(**68** verheirathet.)

A. sond. Bef. d. Hzgs.: **71**.
A. sond. Bef. d. Hzgin. : **71, 73**.
F. Hz. Ferd. u. d. f. Frl. : **69**.
Einzige Ausgabe: **70, 73**.

Wolfgang Glaner.
68.

Jacob Grespockh.
(Lakei und Goldschmied.)
61.

Jusua Habermal.
65.

Albrecht Kraus.
(gest. **64**.)

A. sond. Bef. d. Hzgs.: **57**, 95 fl., **60** 179 fl., **61**. **62, 63, 64**.
A. sond. Bef. d. Hzgin: **60**, 115 fl., **62, 63**.
Silbkam.: **61**.

Caspar Lechner
79.

Niclas Leickher.
71.

Ludold.
69.

Isaak Melper.

A. sond. Bef. d. Hzgs.: **61**, **62, 63**, **64, 65**, 115 fl., **66**, 61 fl.,
67, 332 fl., **70**, 3170 fl., **73**, **78**.
A. sond. Bef. d. Hzgin.: **61**, **63**, **64, 65**, 250 fl., **66**, 410 fl.,
67, 143 fl., **68**, 80 fl., **69**, 227 fl., **71**,
72, 73, 77, 138 fl., **78**.

Zu Verehr.: **67**, 321 fl., **70**, 216 fl., **72, 74, 75, 76**, 360 fl.,
    77, 34 fl., **78**.

Silbkam.: **60**, 54 fl., **61, 62, 64**, 33 fl., **65**, 73 fl., **67**, 1012 fl.,
    69, 153 fl., **70**, 45 fl., **73, 76**, 30 fl., **77**, 46 fl., **79**, 42 fl.

F. d. jung. Frst. u. Frl.: **67**, 84 fl., **68**, 23 fl., **69**, 15 fl., **70**,
    39 fl., **71, 77**, 92 fl.. **78**.

Einz. Ausg.: **63, 64, 65**, 19 fl., **67**, 68 fl., **69**, 104 fl., **70**, 168 fl.,
    71, 74, 75, 76, 4 fl., **77**, 26 fl., **79**.

Tobias Melper.

F. Hzg. Ferd.: **74**.
Einz. Ausg.: **70**, 31 fl.
Geistl. Ausg.: **69**, 132 fl.

(Beide Melper: **67**, 1111 fl.)

Jacob Mentzinger.
(**74** schon todt.)

A. sond. Bef. d. Hzgs.: **64, 65**.
Einz. Ausg.: **65**, 8 fl.

Moshamer.
69.

Wenndl Müller.
71.

Martin Pranndt
65, 50 fl.

Hanns Reimer.

A. sond. Bef. d. Hzgs.: **58**, 383 fl., **60**, 46 fl., **61, 62, 63, 64**.
    65, 364 fl., **66**, 681 fl., **67**, 207 fl..
    68, 988 fl., **69**, 1359 fl., **70**, 657 fl.,
    71, 72, 73, 74, 76, 46 fl., **78**.

A. sond. Bef. d. Hzgin.: **57**, 38 fl., **58**, 403 fl., **60**, 132 fl., **61**,
    62, 64, 66, 24 fl.. **67**, 106 fl., **68**, 65 fl..
    69, 54 fl., **70** 15 fl., **71, 74, 75, 77**,
    78, 79.

Zu Verehr.: **66**, 155 fl., **71, 72, 74, 75, 76**, 508 fl., **78**.
Weg. d. jung. Frst. u. Frl.: **68**, 303 fl., **70**, 42 fl., **73, 75, 76**.
Einz. Ausg.: **79**.

Heinrich Ruedolt.
(Anfangs in Augsburg.)

A. sond. Bef. d. Hzgs.: **73**.
A. sond. Bef. d. Hzgin: **72, 77, 78, 79**.
Zu Verehr.: **78**.
F. d. jung. Frst. u. Frl.: **67**, 15 fl., **69**, 41 fl., **70**, 64 fl., **76**, 89 fl., **77**, 30 fl.

Rueland.
67.

Mathes Schattenloher.
78.

Hanns Schuechmacher.

A. sond. Bef. d. Hzgs.: **61, 69**, 29 fl., **75**.
A. sond. Bef. d. Hzgin.: **60**, 84 fl., **70**, 321 fl., **72**.
F. Hzg. Ferd.: **71**.
Einz. Ausg.: **73**.

Schweickhl.
75.

Jörg Söckhin Unnger.
(heirathet 64.)

A. sond. Bef. d. Hzgs.: **60**, 480 fl., **61, 62, 63, 64, 65**, 27 fl., **66**, 6 fl., **67** 192 fl., **68**, 353 fl., **69**, 36 fl., **73, 74, 76**, 70 fl.
A. sond. Bef. d. Hzgin.: **60**, 38 fl., **61, 62, 63**, 304 fl., **64, 65, 66**, 150 fl., **68**, 134 fl., **73**.
Zu Verehr.: **60**, 25 fl., **61, 68**, 56 fl., **69**, 31 fl., **71, 78**.
Silbkam.: **61**.
F. d. jung. Frst. u. Frl.: **69**.
Einz. Ausg.: **64, 76**, 86 fl., **79**.
Geistl. Ausg.: **69**, 17 fl.

Jörg Stain.
(gest. Herbst **61**.)

A. sond. Bef. d. Hzgs.: **54**.
A. sond. Bef. d. Hzgin: **54**.

Katharina Stainin.
(**61** zuerst „witib" genannt.)

A. sond. Bef. d. Hzgs.: **57**, 66 fl., **58**, **60**, 39 fl., **61**, 21 fl., **64**.
A. sond. Bef. d. Hzgin: **57**, 93 fl., **58**, 656 fl.
Silbkam.: **62**.
Einz. Ausg.: **61**, **63**, **64**.

Georg Staub.
65, **66**.

Martin Staub.
65.

Jörg Stumpf.
60.

Jörg Tilger.
(Ohne Bezeichnung, ob der junge oder der alte.)

A. sond. Bef. d. Hzgs.: **61**, **63**, 208 fl., **75**.
A. sond. Bef. d. Hzgin.: **61**, **63**, **64**, **67**, **69**, 41 fl., **73**, **74**, **76**.
Zu Verehr.: **51**, **58**, **60**, 121 fl., **61**, **62**, **64**, 501 fl., **66**, 491 fl.,
       71, **73**, **74**, **75**, **76**, 1320 fl., **78**.
F. d. jung. Frst. u. Frl.: **68**, 75 fl., **73**, **77**.

Jörg Tilger, der ältere.

A. sond. Bef. d. Hzgs: **51**, 249 fl., **62**, **65**.
A. sond. Bef. d. Hzgin.: **64**, **69**.
Zu Verehr.: **62**, **66**, **67**, 107 fl., **68**, 22 fl., **69**, 418 fl., **70**, 165 fl.
Einz. Ausg.: **63**.

Jörg Tilger, der jüngere.

A. sond. Bef. d. Hzgs.: **54**, 37 fl., **58**, 599 fl., **60**, 196 fl., **62**,
       64, **65**, 1008 fl., **66**, 98 fl., **68**, 114 fl.

A. sond. Bef. d. Hzgin: **58**, 516 fl., **60**, 17 fl., **62**, **68** fl., **65**,
83 fl., **70**, 124 fl., **71**.

Zu Verehr.: **57**, 490 fl., **58**, 107 fl., **60**, 10 fl., **61**, **63**, **64**, **65**,
96 fl., **66**, 537 fl., **67**, 823 fl., **68**, 557 fl., **69**, 227 fl.,
70, 61 fl., **71**, **72**.

Eckhart Volmann.

A. sond. Bef. d. Hzgs.: **68**, 104 fl.
A. sond. Bef. d. Hzgin: **67**, 7 fl., **68**, 210 fl.
Zu Verehr.: **63**, **72**.
F. d. jung. Frst. u. Frl.: **62**, **70**, 15 fl.

Heinrich Wagner.

A. sond. Bef. d. Hzgs.: **72**, **76**, 153 fl., **78**.
A. sond. Bef. d. Hzgin.: **73**, **74**, **77**, 102 fl.
Zu Verehr.: **74**, **76**, 297 fl., **77**, 1702 fl., **78**, **79**.
F. d. jung. Frst. u. Frl.: **70**, **75**, **76**.
Einz. Ausg.: **77**, 10 fl.

Niclas Warakhay Vnnger.

A. sond. Bef. d. Hzgin.: **78**.
Zu Verehr.: **78**, **79**.
Silbkam.: **73**, **78**.

Balthasar Wenndl.

A. sond. Bef. d. Hzgin.: **70**, 27 fl.
F. Hzg. Ferd.: **76**, 13 fl.

Balthasar Widmann.

A. sond. Bef. d. Hzgs.: **75**, **78**.
A. sond. Bef. d. Hzgin.: **72**, **73**, **74**, **76**, 28 fl., **77**, 50 fl., **79**.
F. d. jung. Frst. u. Frl.: **70**, 14 fl.

Goldschmiedearbeit ohne Namen.

A. sond. Bef. d. Hzgs: **62**, 457 fl., **63**, **66**, 23 fl., **68**, 61 fl.,
69, 25 fl., **70**.
A. sond. Bef. d. Hzgin: **69**, 8 fl.
Zu Verehr.: **64**, **65**, 44 fl., **66** 1443 fl., **67**, 947 fl.. **68**, 1300 fl.,
69, 1470 fl., **70**, 1350 fl., **71**, **72**, **73**, **74**, **79**.

Goldschmied von Friedberg.

Andreas Adamstet.

A. sond. Bef. d. Hzgs.: **64. 65,** 286 fl.. **66,** 1151 fl., **67,** 683 fl.,
68, 2160 fl., **69,** 1340 fl.

Goldschmied von Landshut.

Andreas Huber.
77.

Goldschmiede von Augsburg.

Ulrich Eberle.
66, 21 fl., **70,** 1500 fl.

Egemiller.
61.

Marx Krauss.
68.

Abraham Lotter.
65, 68.

Martin Marquart.
66, 1748 fl., **68,** 445 fl., **69,** 130 fl.

Dionys Müller.
62, 12 fl.

David Prentl.
61.

Hanns Raister.
70.

Jörg Rittl.
71, 850 fl.

Heinrich Ruedolt.

(später in München.)

64.

Hanns Runge.

65.

Wilhelm Sailer.

67. 19 fl., **68.** 35 fl.

David Zimmermann.

(gest. **73.**)

66. 2450 fl., **70.** 1290 fl., **72. 73.**

Goldschmiedearbeit ohne Namen.

61. 63. 65. 512 fl., **66.** 1484 fl., **68.**

Goldschmied von Nürnberg.

Wenntzl Jamnitzer.

57, 76 fl.

Goldschmied von Trient.

Johann Babtista.

67. 70. 72.

Goldschmied von den Niederlanden.

Andreas Altensteter.

62. 270 fl.

In den **Kunstcorrespondenzen** Herzog Albrechts lesen wir ausser zwei auch in den Hofzahlamtsrechnungen erwähnten Goldschmiedenamen noch zwei neue.

Ulrich Eberle (Augsburg).

76, 1100 fl.

Valentin Hueter (Augsburg).
Schwager des Eberle.
76, 67 fl.

Hadrian (Friedberg).
76.

Battista de Negrone (aus Welschland).
(Wohl identisch mit Johann Babtista von Trient).
72, 74, 76.

Register.

Von den **Studien zur Deutschen Kunstgeschichte** sind bis jetzt erschienen:

1. HEFT:

Verzeichniss der Gemälde des Hans Baldung gen. Grien zusammengestellt von Dr. phil. Gabriel von Térey.

Preis ℳ 2. 5o

2. HEFT:

Die Sculpturen des Strassburger Münsters. Erster Theil: Die älteren Sculpturen bis 178g von Dr. Ernst Meyer-Altona. Mit 35 Abbildungen.

Preis ℳ 3. —

3. HEFT:

Einleitende Erörterungen zu einer Geschichte der Deutschen Handschriftenillustration im späteren Mittelalter von Dr. Rudolf Kautzsch.

Preis ℳ 2. 5o

4. HEFT:

Der Uebergangsstil im Elsass. Ein Beitrag zur Baugeschichte des Mittelalters von Ernst Polaczek. Mit 6 Lichtdrucktafeln.

Preis ℳ 3. —

5. HEFT:

Die Bildenden Künste am Hof Herzog Albrechts V. von Bayern von Max Gg. Zimmermann. Mit g Autotypieen.

Preis ℳ 5. —

Weitere Hefte in Vorbereitung.

Strassburg, Universitäts-Buchdruckerei von J. H. Ed. Heitz (Heitz & Mündel).